RAILWAY STATION

世界鐵道大探索 **4**

WORLDWIDE

世 界 的
鐵道火車站

深度探索 48 國火車站與
300 多座特色車站

4

著 蘇 昭 旭

火車站的分類學
打開您火車站的世界觀

車站 是故鄉的門戶 是鄉愁的城堡
月台 是聚散兩依依 別離的舞台
鐵道 是人生故事發展的平行線
旅程 從車站出發 故事從月台開始
記憶 在鐵道的盡頭 無止境地延伸

這段詩詞是我在 2002 年，發表在《台灣鐵路車站圖誌》的名言，如今回首已是 2022 年，歲月匆匆流逝二十年，深情依舊，只是時空環境早已大不相同。

不論您是否喜歡火車，火車站對每個人而言，都是家鄉的記憶、成長的過去，只是有的人深刻、有些人模糊而已。相信有許多朋友，記得火車站月台的出口柵欄是童年時期看火車的地方，我也一樣。只是有些人的生命中，車站和他的人生劇場緊緊相繫，上演一齣齣人生悲喜劇，週而復始，角色不同依戀依舊。

有些人在車站經歷童年的「火車好奇」、少年的「異性好奇」、成年的「鄉愁印記」後，就會對車站的感情特別深刻，捨不得它拆、它變、它消失。即使換了棟嶄新的建築，設備再新、冷氣再強，總是感覺少了些什麼。我想記錄全台灣的火車站，動機無他，只是和您一樣，我也是個對火車站和火車別具鄉愁和思念的人，想將我的紀錄獻給全台需要車站記憶的人收藏，這是在下記錄車站的動機。

回首二十年前，製作《台灣鐵路環島風情》系列書的時候，我拿著相機一遍又一遍的環台，發現台灣鐵路的美麗風光不只在沿線，有些車站也很美麗，值得也應該要被記錄進去。如果擁抱台灣鐵路的全面記憶，是一種愉悅的渴望，那麼記錄《台灣鐵路環島風情》，就是一連串「線」的記憶，而《台灣鐵路車站圖誌》，則是線上每一個「點」的收藏，透過點和線的連結，交織出台灣鐵路「面」的印象。

二十年之後，許多火車站的樣貌早已改變，《台灣鐵路環島風情》，改版變成為《台灣鐵道經典之旅》。《台灣鐵路車站圖誌》，改版變成為《台灣鐵路車站大觀》。但是在我心中一直有個懸念沒有完成，就是想要建立一套火車站的分類學，範圍不只是台灣，而是把格局放大到全世界，建立火車站的世界觀。

　　為什麼呢？因為這麼多年來，台鐵為配合政府都市發展與土地開發，以鐵路立體化與捷運化為名，進行高架化與地下化工程，許多歷史古蹟火車站被迫進行改建，雖然不會立即被拆毀，只是停用做為展示空間，卻也失去其原本車站的功能。台灣鐵路車站的改建陷進「公式化」的思維，這正是台灣鐵路車站存續的最大危機！

　　這些年來，許多人常問我一句話，全世界是不是只有高架化車站與地下化車站兩種才是最好的？我說不是。那為什麼台鐵的車站，都要改成高架化車站與地下化車站呢？如果車站不「公式化」，還有其他的選項嗎？世界上的火車站分為多少種？如果台灣要發展鐵道觀光，又可以借鏡國外哪些有特色的火車站呢？

　　誠然，這些問題也正是台灣鐵道的癥結所在，想要解決，最好的方式就是建立火車站的分類學，讓我們不再盲從，也不會道聽塗說，讓問題可以透過知識檢索得到答案。這二十年來我篳路藍縷，從《台灣鐵路車站大觀》到《世界的鐵路火車站》，從保存鄉土的熱愛到肩負傳遞知識的使命，這真的是大時代思考格局的演變。礙於現行的封建制度，與官大學問大的倫理，如果沒有國際上的案例與分析，我們無法知道真正的答案。因此，若有一本工具書、一套鐵道資料庫、完整的分類學知識，以及國際的案例與分析，就可以幫助國人打

開全球鐵道車站的視野、找到正確的定位、活化被忽略的鐵道文化資產，這將造福多少人群，也是多麼大的功德！

　　我用二十年的青春歲月，經歷世界各地的鐵道考察後，建立一套鐵道知識「分類學」，如同製作字典與百科全書，我把它稱為「鐵道智庫全書」，從 1999 年到 2019 年，大部分都已經發表完畢。然而，因為一些不幸的變故，出版舞台消失。多年來職業生涯累積的世界鐵道資料庫，尚有《世界的蒸汽火車》，《世界的觀光鐵道》，《世界的鐵道博物館》和《世界的火車站》，這四本鐵道分類學主題書還沒機會出版，讓我感到十分沉痛。為了讓這些資料庫，可以繼續造福人群，我將資料轉換成數位，放在交通科學技術博物館的「線上資料庫」平台分享，透過演講來做推廣。

　　今日我感謝木馬文化，一圓我人生的理想，讓累積多年的數位資料庫，得以出版發表造福人群，這本書即是這四本鐵道分類學的第四冊，也可能是我人生最後一本鐵道書。我相信本書對於建立鐵道的世界觀以及開拓全球鐵道的新視野，會有很大的幫助。

　　這本書是一位鐵道學者一生的成果展，如果沒有多年積累，沒有辦法完成這樣的學術研究成果。盼能揭櫫全球鐵道的趨勢脈絡，為國人打開全球鐵道火車站的國際視野。

蘇昭旭

每個人都有一個火車故事，
但火車的世界中，卻只有一個蘇昭旭

　　繼《世界的蒸汽火車》、《世界的觀光鐵道》出版後，很高興在今年鐵道觀光年將蘇昭旭老師的《世界的鐵道博物館》、《世界的鐵道火車站》編輯出版完成。由木馬文化與蘇昭旭老師合作出版的這四本書，可以說是集蘇昭旭老師畢生知識的展現，也是他一生的成果展。

　　將蘇昭旭老師畢生的鐵道智慧編輯完成即將付梓之際，作為編輯出版的一方，滿足與喜悅的感受著實滿溢。作為編輯，在這段期間和蘇老師的書稿以及一張張的照片相處，這些不僅僅是蘇老師多年智慧的集結，而在過程中蘇老師嚴謹的分類、比對，整個團隊能夠和這樣一位知識豐厚又謙沖內斂，專注行事的專家一起工作，是作為編輯者十分滿足的經驗。滿滿的喜悅，因著這個系列的出版，我們知道喜愛鐵道、想要更認識鐵道的大小朋友有福了。

・每個人都有火車記憶・

　　在這個鐵道探索系列的編寫過程中，我們聽了許多和火車、鐵道相關的知識和故事，蘇老師不僅僅像是個行走的鐵道圖書館，如能親身聽到他演講，更能聽見許多讓人津津樂道的故事和經歷，仔細想想，我們每個人都有屬於自己的鐵道故事，可能發生在旅途中、可能在通勤的路上、可能在我們生活的城市、也可能是我們追尋的他方。而透過閱讀與收藏這四本書，定能找到也許深埋在我們記憶裡的一段故事，也一定能引發我們對鐵道更多的追尋

　　在這個系列作初出版時我曾經寫道，我和蘇老師的鐵道緣分正是一場在台北象山農場的演講。蘇老師娓娓道來每一張照片背後的故事，這些故事發生在英國、德國、瑞士、挪威、羅馬尼亞、印度、台灣、日本……每張照片都有按下快門的理由，也有追逐火車的專注和驚險，有在火車上、在月台上一個又一個相識不相識的出乎意料，而聆聽演講的大孩子、小孩子，一個又一個熱切關注的雙眼，也都得到蘇老師細心又耐心的回應。演講後我詢問蘇老師，有沒有榮幸，讓木馬文化能和老師一起，把來自台灣走進世界鐵道的珍貴踏查，留下珍貴的紀錄。隨著《世界的鐵道博

物館》、《世界的鐵道火車站》的出版，這些來自世界各地的鐵道知識、文化和故事，都來到我們眼前，就讓我們隨著蘇老師的腳步，邁向世界。

簡而言之，蘇老師用盡他一生二、三十年的歲月，經年累月，才完成這四部鐵道知識庫：

《世界的蒸汽火車》，是「機械」領域的知識庫成果；《世界的觀光鐵道》，是「文化」領域的知識庫成果；《世界的鐵道博物館》，是「管理」領域的知識庫成果；《世界的鐵道火車站》，是「建築」領域的知識庫成果。

集結「機械」、「文化」、「管理」、「建築」四大領域的精采作品，不僅是鐵道世界大探索的工具書，也是老少咸宜、讀者心嚮往之的鐵道百科，更是適合每個人擁有的藝術收藏。

· 蘇昭旭的火車知識 ·

這個系列書的出版，是陪伴和邀請大家，進入鐵道的世界，書中有蘇昭旭老師豐厚的鐵道知識、也是可以按圖索驥的知識寶典，木馬文化非常榮幸能參與此書的出版，就從我們打開這本書的扉頁開始，讓我們一步一步豐厚屬於自己的鐵道故事。

—— 木馬文化　陳怡璇

目　　　　次

第 ① 章

認識火車站的精采世界　　10
INTRODUCTION

第 ② 章

各種鐵道功能的火車站　　38
FUNCTIONS

第 ③ 章

各種風景獨特的火車站　　74
FEATURED

第 ④ 章

第 ⑤ 章

<table>
<tr><td>世界各國的
經典火車站大圖鑑
WORLDWIDE</td><td>182</td></tr>
</table>

目　　次

• 十六種火車站類型及代號一覽表 •

代號	中文類型	英文類型	中文
木	思古幽情的 木造車站	Wooden station 木造	中文：木
藝	藝術建築的 古蹟車站	Art monuments 古蹟	中文：藝
特	造型獨具的 特色車站	Featured 特色	中文：特
祕	杳無人煙的 祕境車站	Secret 祕境	中文：祕
速	高速鐵路的 火車站	High speed rail 高速鐵路	中文：速
高	捷運的高架 火車站	Elevated railway 高架鐵路	中文：高
地	捷運的地鐵 火車站	Subway / Underground 地下鐵	中文：地
輕	輕軌電車的 火車站	LRT 輕軌鐵路	中文：輕
單	單軌電車的 火車站	Monorail 單軌	中文：單
山	登山鐵路的 火車站	Mountain railway 登山鐵路	中文：山
折	折返式鐵路的 火車站	Zig zag station 折返式鐵路	中文：折
之	之字形鐵路的 火車站	Switch back 之字形鐵路	中文：之
齒	齒軌式鐵路的 火車站	Rack railway 齒軌式鐵路	中文：齒
纜	纜索鐵路的 火車站	Funicular 纜索鐵路	中文：纜
森	森林鐵路的 火車站	Forest railway 森林鐵路	中文：森
產	產業鐵路的 火車站	Industrial railway 產業鐵路	中文：產

在本書第 5 章羅列 48 國的城市火車站，讀者可依照片旁的代號圖標，快速檢視火車站的類型及特色。

第 1 章

認識火車站的

INTRODUCTION

精采世界

透過鐵道模型的創作，站體月台軌道三元素的組合，加入轉轍器與號誌的功能，可以一窺精采的火車站，微縮世界的風貌。（筆者的交通科學技術博物館）

INTRODUCTION

認識火車站的精采世界

① 從空中鳥瞰台南火車站的全景。然而隨著鐵路地下化的工程,如今已經成為絕景。

② 台灣經典的車站古蹟建築,新竹火車站。

　　坐火車往來各地時,火車站往往是映入眼簾的第一印象,甚至對離鄉遊子而言,火車站更存在著鄉愁與記憶。你曾經為了特別的火車站慕名而來嗎?曾看過什麼樣特別的火車站呢?無論是先進具有時尚設計感的新車站,或是帶有復古風情、具有年代感的老車站,對我們而言,火車站或許只是旅客進出,遠行或抵達的最初站,但你以為火車站只有這樣嗎?

　　在本章節中我們將認識火車站的種類與組成元素。您會發現,其實火車站的種類、功能與型態,是琳瑯滿目、包羅萬象的。讓我們認識不同種類的火車站,一起進入車站的精采世界。

❸ 非營運用的號誌站,只給從業人員上下車的車站。南迴線的枋野站。

❹ 車站作為營運用場所,提供旅客進出服務,花東鐵路的光復站。

❺ 火車站的站體,月台,股道(停車用的軌道),是一般旅客認知的三個要素,花東鐵路的台東站。

火車站的基本分類學

　　什麼是火車站?火車站這個名詞相信對大多數人而言並不陌生,南來北往,是民眾都熟悉的公共場所。然而,什麼是車站?車站有多少種?這是小朋友喜歡問的問題,也是喜歡搭火車的旅客心中常有的疑問。

　　其實大多數旅客所認為的車站,和營運者所認為的車站是有段距離的。一般旅客認為的車站,無非就是供乘客和貨物上下車的「營運」場所,也就是 station,包含站體、月台、股道三要素,那是一般的客運站、貨運站及客貨運站,也是「狹義」的車站。

　　而「廣義」的車站,是指任何運轉的理由,使車輛停止的地點,也就是「任何停車的場所」,皆算是車站的一種,是 stop 而非 station。因此,廣義的車站除了「營運」的場所,還包含了號誌站、調車場一些「非營運」的場所,它們也是車站的一種,故車站不一定要有站體及月台,只要有鐵道即可。

依據鐵路法「台灣鐵路管理局建設規則」第一篇第五條規定：本規則所稱站，包括三種：一、車站指辦理行車及營業之場所；二、號誌站指辦理列車交會避讓而不辦營業之場所；三、調車場指專為辦理列車編組及車輛調配之場所。

因此，喜歡搭火車的小朋友會問爸媽：為什麼火車要在這個奇怪的地方「臨時」停車呢？還有火車進入七堵站、樹林站時，常看到一大堆火車停在那邊作什麼用呢？這是給孩子正確解釋車站的機會。另外，火車上常聽到廣播下一站時，英語會用「The next stop」而非「The next station」，也是類似的道理。

❶ 營運用的客運站，可以給一般旅客上下車的車站。台灣知名的南迴線多良站，只可惜後來廢站。

❷ 這是一個三等站，等級較高、功能較齊全，設有會車線的車站，設有兩個島式月台。花東線舊東里站。

若以車站的營運功能來區分，可以分成客運站、貨運站、客貨運站三種最常見的種類，若是非營運的則有號誌站及調車場兩種。在這些種類中，以「客運

❸ 這是一個招呼站，等級較低、功能比較簡單，沒有會車線，只有一個島式月台的車站。花東線瑞和站。

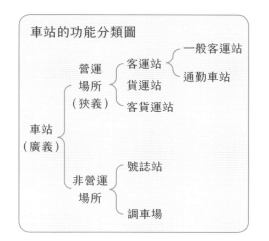

車站的功能分類圖

```
                              ┌─ 一般客運站
                    ┌─ 客運站 ─┤
          營運       │          └─ 通勤車站
          場所 ─────┼─ 貨運站
          (狹義)    │
 車站 ─┤            └─ 客貨運站
 (廣義) │
          非營運     ┌─ 號誌站
          場所 ─────┤
                    └─ 調車場
```

站」和「客貨運站」最多，例如松山站、台北站、高雄站都是大型「客運站」；過去如花蓮站、台東站和嘉義站則是大型「客貨運站」；而不對民眾營運的「貨運站」，在當今鐵路貨運萎縮之際則少之又少，如高雄港站和花蓮港站。

若以車站的大小等級來區分，台鐵依營運狀況分成七等：特等、一等、二等、三等、甲種簡易站、簡易站及招呼站。前面四等站員較多，以維持其營運業務，後面三等之中；甲種簡易站由三個副站長日夜輪班；而簡易站則有兩種可能，一種是由三個站員日夜輪流看守，另一種是一個站員白天看守，中午休息 2 小時不開放，每週公休兩日；至於招呼站則完全沒有人駐站，但會由管理站派員清理打掃，這後面三種車站，都必須由鄰近車站派員管理。

若以車站的站體建築來區分，還可以分成平面車站、跨站式車站、高架車站、地下車站等四大類。車站的種類，真的是琳瑯滿目，無法一言道盡，本書後面的單元，會有詳細的說明。

• 四種車站的建築分類圖 •　　　　　　　（蘇昭旭繪製）

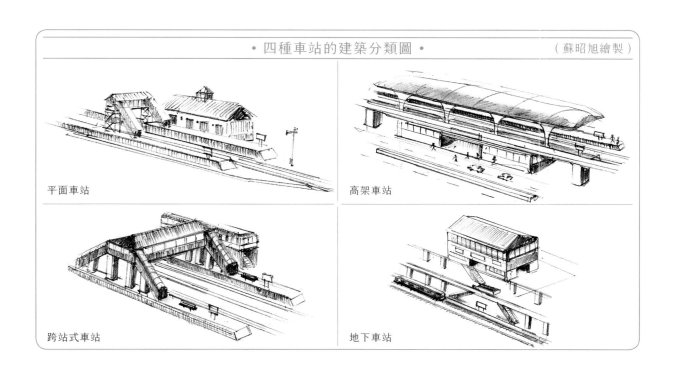

平面車站

高架車站

跨站式車站

地下車站

BUILDING/PLATFORM/TRACK
站體月台軌道三元素

❶ 站體建築是火車站的第一個元素,也是民眾
　對於車站的首要印象。台中站。
❷ 月台是火車站的第二個元素,也是旅客上下
　車的通道。俄羅斯的貝加爾站。

　　站體(station building)、月台(platform)、軌道
(station track),這是解讀一般「狹義」傳統火車站最
重要的三個基本元素。

　　**就鐵路車站的站體而言,可以分成平面車站、跨
站式車站、高架車站和地下車站四大類。**站體建築是
鐵路售票及服務設施,對外營業與辦公的建築物。國
外有少數的簡易車站只有月台,而省
略了站體建築,許多車站為避免服務
差距,除了前站之外,還設有後站
(rear station)的出入口,解決旅客只
能從車站單邊進站的困擾,避免車站
交通與城市發展的失衡。

　　**就鐵路車站的月台而言,可以分
成島式月台、側式月台、島疊式月
台、港灣式月台和西班牙式月台五大
類。**島式月台上下車的功能最為簡

單，跟側式月台都可以運用於傳統鐵路，西班牙式月台必須搭配月台門，運用於捷運，其功能最為複雜，五種月台各有優缺點。月台必須搭配雨棚，以避免旅客日晒雨淋，台灣的月台雨棚結構比較簡單，歐洲國家有全罩式雨棚月台，讓車站完全不受外面的氣候影響，這對於下雪的國家十分重要。近年來台鐵一直在做月台加高工程，讓月台與車輛地板同高，因此過去的低矮型月台，也就大量消失。

就鐵路車站的軌道而言，可以分成客運站、貨運站、客貨運站、號誌站及調車場五大類。如果車站只有月台，沒有貨運用股道，就是客運站；如果車站沒有月台，只有貨運用股道，就是貨運站；如果車站有月台，也有貨運用股道，就是客貨運站。至於號誌站，就只有會車線，或稱避讓線（Passing loop），以提供列車對向交會與同向避讓。最後一種調車場，三元素都到齊，因此股道是最多的，可能還有轉車台、車庫區，甚至機廠等，是占地面積最大的火車站，但是後面兩種，都是不對一般民眾營運的火車站。

關於車站三個元素，還有許多的變化，本書的第二章，會有詳細的說明。

❸ 軌道是火車站的第三個元素，其布設影響車站的功能與角色。CK124 停靠昔日的台中站。
❹ 全罩式雨棚月台，讓車站完全不外面的氣候影響，對於下雪的歐洲國家而言十分重要。匈牙利布達佩斯東站。

BOX

• 火車站軌道的名稱 •

車站的軌道也稱為「股道」，是因為台鐵從業人員會用第幾股去稱車站的軌道。車站的軌道可以簡單分成「通過線」與「停車線」兩大類型。通過線又稱正線，就在月台旁邊，列車可以直接通過，或是進站短暫停車；如果是避讓線所設置的通過線，被稱為副正線，火車會停在這裡，等候對向列車交會與同向避讓快車通過。如果一個車站有兩條以上的副正線，次要副正線便可稱為「到發線」。

而停車線是指車輛可以停留較久的時間，有很多類型，最常見的就是貨運用股線，在調車場特別多。例如把列車拉出去再推進來的調度線，稱為牽引線，往往搭配貨運站編組使用。如果車站有較大的土地面積，便有駐車線，除了停留客貨車，還連接著車庫，可以提供列車長時間停靠，或是動力機車維修使用。

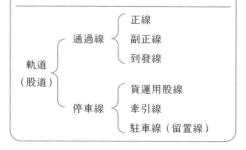

軌道（股道）
- 通過線
  - 正線
  - 副正線
  - 到發線
- 停車線
  - 貨運用股線
  - 牽引線
  - 駐車線（留置線）

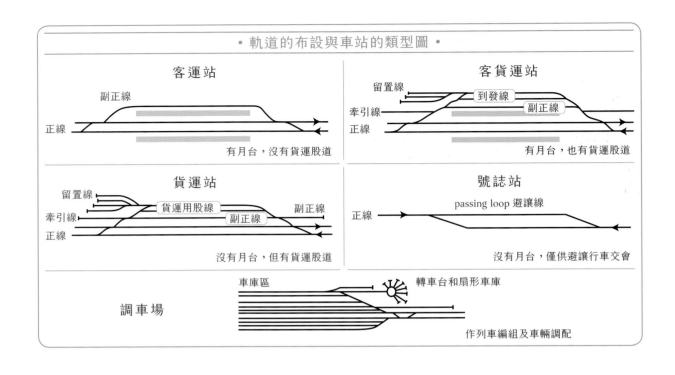

• 軌道的布設與車站的類型圖 •

客運站

副正線

正線

有月台,沒有貨運股道

客貨運站

留置線　到發線

牽引線　　副正線

正線

有月台,也有貨運股道

貨運站

留置線

牽引線　　貨運用股線　　　副正線

正線　　　　副正線

沒有月台,但有貨運股道

號誌站

正線　　passing loop 避讓線

沒有月台,僅供避讓行車交會

調車場

車庫區　　　　　轉車台和扇形車庫

作列車編組及車輛調配

---

❶ 車站的駐車線,往往連接著車庫,可以讓火車長時間駐車,又名留置線。瑞士的格林德瓦站。

認識火車站的精采世界
Introduction

站體月台軌道三元素
Building / Platform / Track

PLATFORM

各種類型的
鐵路月台

❷ 這是島式月台，兩側都被鐵路包圍，猶如孤島，故名島式月台。還可以看見跨越軌道的人行道。早年的山里站。

❸ 這是兩個島式月台，都是低矮型月台，用於台糖的輕便鐵道，火車門口有渡板以利上下車。溪湖車站。

　　鐵路車站的月台，可以分成島式月台，側式月台，島疊式月台、港灣式月台、西班牙式月台五大類。島式月台、側式月台、港灣式月台，都運用於傳統鐵路的月台，行之有年。

　　所謂的島式月台，是指軌道在兩側，月台如同孤島，被夾在兩股軌道中間，旅客可以在同月台轉乘，換乘上行下行火車比較容易，是一種成本較低的月台。但是旅客進出必須跨越軌道，或是設置天橋、地下道因應。

同理，側式月台則是月台在側邊，又名岸壁式月台。如果該鐵路是只有單線，只要一個側式月台，就可以結合車站，旅客進出的動線最短。單線鐵路的島式月台和對稱側式月台，都是成本很低的月台。

不過，如果該鐵路是雙線以上，車站就要設置兩個側式月台，軌道則被月台夾在中間，這樣旅客上行下行搭車，比較不會弄錯。不過，旅客若是需要上下行換乘火車，就必須跨越軌道，這樣就得設置天橋或地下道，設置成本較前者為高。

而終端式月台又名港灣式月台，設於路線的到發起點，不需要設置天橋或地下道，歐洲國家多運用於都會區樞紐站，旅客換乘火車最為容易。台灣昔日台北淡水線，台鐵的新北投站，就曾出現過。

至於島疊式月台，則是用於地下化車站，係將兩個月台軌道，變成上下兩層，這是在車站地下空間不足的情況下，不得以所使然，許多國家會運用於地鐵捷運站，例如台灣高鐵的板橋站即是。最後西班牙式

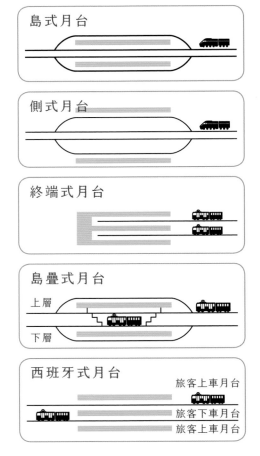

島式月台

側式月台

終端式月台

島疊式月台
上層
下層

西班牙式月台
旅客上車月台
旅客下車月台
旅客上車月台

① 這是側式月台，一側為月台，另一側月台連結車站。日本北海道宗谷本線。
② 這是終端式月台，所有的月台出口，都在終端相連。法國巴黎北站。
③ 這是歐洲常見的低矮型月台，該側式月台可以與車站相連，又名岸壁式月台。斯洛伐克的森林鐵道。

月台，則是兩個月台包圍中間一條軌道，車門先開一邊的月台做為進站，再開一邊的月台做為出站，優點在於進出人流的動線分開。不過，也會增加月台的成本，因為西班牙式月台必須搭配月台門操作，其功能最為複雜，這類型月台，多數應用於運量較大的地鐵捷運站。例如台灣桃園機場捷運的台北站即是。

近幾年來，台鐵在月台改建方面下了許多工夫。除了設置無障礙電梯之外，還有月台加高與車輛地板同高，台灣過去傳統鐵路的低矮型月台，也就大量的消失。不過最有趣的是月台雨棚的更新，傳統的月台雨棚，只用於避雨，現代具有設計感的的月台雨棚，新設的月台候車座椅，加入文化的創意元素，幾乎台鐵每一個車站的月台，都有它的特色。

TRACK

各種類型的車站軌道

① 英國平面型車站的軌道,沒有會車線,上面有磚拱的人行道。

② 日本平面型車站的軌道,並且有會車線可以讓列車交會,旅客進出車站得走人行道跨越軌道。

　　火車車站的站體建築,可分成平面車站、跨站式車站、高架車站和地下車站四大類。平面車站就是一般傳統的火車站,設置於地面上,然而由於軌道與月台阻隔,會有前站與後站出口分開的問題。早年英國車站有設磚拱的人行道,後來發展出天橋與地下道,以解決車站前後出口相連的問題。

　　而跨站式車站,站體建築就位於鐵路軌道的上方,服務設施設在二樓大廳,其優點為前後站可以連通,平衡前後站的服務差距,不過缺點是旅客進站必須爬高,所以得設有電扶梯、電梯等多項無障礙設施。因此,從 1990 年代起,許多台鐵新修築的或改建的車站,不少

❸ 台鐵高架車站的軌道。泰安站。

❹ 台鐵地下車站的軌道。台北站。

採用了跨站式車站。

　　至於高架車站，則是將月台與軌道都一併架高，車站則位於高架建築下方；地下車站則是月台與股道都地下化，車站則位於地面的建築。基本上這兩種車站結構，都可以讓鐵路立體化，消除平交道，增加服務空間的容積，車站入口四通八達，也解決都市火車站前後站的服務差距問題，但是設置成本變得很高。

　　鐵路車站的軌道，簡單來說，可以分成通過型車站與交會型車站。它的最大關鍵是有沒有設置會車線（避讓線）。如果站內鐵道只有兩股通過線，不能辦理列車避讓與交會，這是通過型車站。如果有會車線，就可以辦理列車同向避讓快車，與交會對向來車，這是交會型車站，如圖解所示。在台鐵三等站以上都設有會車線，以提供列車駐車、避讓與交會。

但是鐵路地下化之後，因為空間不足，只能少數設置會車線，成為交會型車站，其他則維持通過型車站。

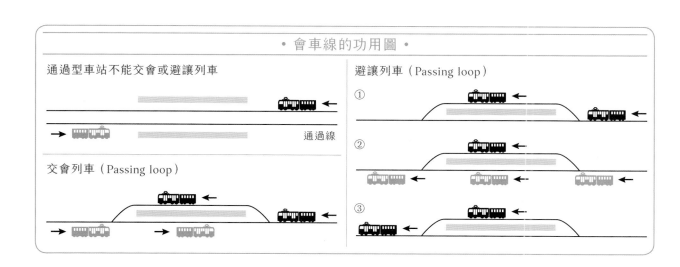

• 會車線的功用圖 •

通過型車站不能交會或避讓列車

通過線

交會列車（Passing loop）

避讓列車（Passing loop）

①

②

③

世界上最早的鐵道天橋結構，英國的 Flyover 這種半圓形的天橋。

第 ① 章　認識火車站的精采世界　　天橋與地下道的視野
　　　　　　Introduction　　　　　Footbridge/Underpass

FOOTBRIDGE/UNDERPASS
天橋與地下道的視野

天橋的英文是 Footbridge，地下道的英文是
Underpass，都是歷史悠久的車站產物。火車站設置
之初，因為班次不多，旅客可以直接穿越軌道到另外
一個月台，但隨著班次增加，這樣的穿越具危險性。
於是發展出天橋與地下道，用
於解決車站的月台連結，以及
車站前後出口相連的問題。

世界上最早的鐵道天橋結
構來自英國，這種半圓形的天
橋，又稱 Flyover，是很重要的
英國鐵道文化資產，後來傳到
其他國家，產生不同的類型。
對於一個傳統火車站來說，天
橋上所看到的鐵道視野，是人
類一百多年來對於火車站最深

❶ 從英國的天橋上看到的鐵道車站視野。Lake-side Haverthwaite Railway。

❷ 這是火車站的地下道，地下道可以跨越月台，卻無法得到鳥瞰車站的視野。

❸ 從日本的天橋上看到的鐵道車站視野。九州的肥薩線。

❹ 從台灣的天橋上看到的鐵道車站視野。新竹的內灣線竹東站。

❺ 這是日本的天橋結構，與過去台灣的相似。JR下田站。

❻ 從天橋上可以看到車站的全景，這是天橋與地下道的差異。丹麥哥本哈根。

刻的旅行印象。因為天橋上可以看到各式各樣的火車，以及月台上的旅人，那是一種記憶，也是一種浪漫。

相較於天橋上可以看到車站的全景，地下道則無法做到這件事，這就是天橋與地下道的差異。不過，因為早年的天橋沒有雨棚，下雨或下雪會影響行人穿越，而且動線的運量少。所以才發展出地下道的設計以解決天橋的問題，不過地下道的成本遠比天橋高，所以不如天橋普及。

日本的天橋結構與過去台灣相似，從木造結構開始發展到鋼架結構，以及近代常用的RC鋼筋水泥結構。而且天橋設計成ㄇ字形，兩側是樓梯，中間的平台增設雨棚，旅客不怕風吹日晒。但是隨著台灣鐵路逐漸立體化，大量高架化與地下化車站出現，未來的火車站都沒有天橋，這些過往天橋的記憶恐怕會逐漸消失。

交叉橫渡線

菱形交叉

單開型轉轍器

單K型交叉

雙K型交叉

①

TURNOUT/CROSSING

火車站的轉轍器

對於火車站來說，站體、月台、軌道，是一個基本的三元素，但是這些如何構成一個正常功能的火車站，就不能沒有轉轍器與交叉的組合。

為了使鐵路車輛從一路線，變換到另一路線行駛，必須依靠各種路線裝置的作用才能達成。一般而言，火車站的鐵道路線有許多複雜的路線裝置，基本上就功能而言可區分成兩大類：一類是轉轍器（Turnout），另一類是交叉（Crossing）。轉轍器一般以普通轉轍器（Point Switch）和三岔轉轍器（Three-Throw Point）兩種最為常見；交叉可分成菱形交叉（Diamond Corssing）、雙K型交叉（Double K Type Crossing）和單K

❶ 透過鐵道的轉轍器與交叉組合，形成一個火車站的鐵道路網。
❷ 單開型轉轍器，鐵道分岐一條為直線，一條為曲線。

❸ 雙開型轉轍器，鐵道分歧左右兩條都為曲線。

❹ 三岔型轉轍器，鐵道分歧一條為直線，左右兩條為曲線。

❺ 一般菱形交叉，就是只有兩條鐵道交會。

❻ 雙 K 型交叉，除了兩條鐵道交會，也能切換到對方的方向。

型交叉（Single K Type Crossing）三種。

大多數的火車站，都會看到普通轉轍器，普通轉轍器又分成兩大類：單開型和雙開型轉轍器。單開型轉轍器能將鐵道分歧一條為直線，一條為曲線，直線火車可以全速通過，曲線火車則必須限速，前者多數被當作正線，後者多數被當作副正線，運用於幹線。另一種雙開型轉轍器，能將鐵道分歧兩條都為曲線，兩條軌道火車必須限速，運用於支線。以上這些普通轉轍器的組合，是車站會車線的基本結構。

一般狀況下多數人只注意到普通轉轍器而已，殊不知在普通轉轍器之外，鐵路的路線裝置仍有多樣的面貌。為了鐵路運轉時的需要，利用轉轍器和交叉這兩種設備加以組合搭配，成為路線交會固定使用的裝置。最普遍被使用的是橫渡線（Single Crossover）以及交叉橫渡線（Double Crossover）兩種。其實，交

叉橫渡線與雙 K 型交叉功能類似，不過，兩者的最大不同在於雙 K 型交叉只能一次允許一個開通方向，而交叉橫渡線卻能同時允許兩平行路線同時開通，是一種十分重要的路線組合裝置。

原來鐵路車站不只是僅供旅客上下車而已，還有列車的到發、待避與會車等功能，更大的車站則需要運用更多的軌道，如果沒有轉轍器與交叉的組合是不行的。

過去如台北、桃園、新竹、台中、彰化、嘉義、台南、高雄，這些一等站與特等站，都有十幾股軌道，供列車停留過夜，也有配置調車場，有洗車線，讓列車轉入維修機廠，或提供清洗整備等，甚至提供更大的車輛基地，這都是鐵路運轉的基礎設施。讀者也可以透過鐵道模型的轉轍器組合，創造出屬於自己的一個精采的微縮火車站世界。

❶ 透過鐵道模型的創作，站體月台軌道三元素的組合，加入轉轍器與號誌的功能，可以一窺精采的火車站，微縮世界的風貌。（筆者的交通科學技術博物館創作）

❷ 透過鐵道模型的轉轍器組合，締造出自己的一個精采的微縮火車站世界。（筆者的交通科學技術博物館創作）

副正線

車庫線

整備線

洗車線

正線　　　正線　　　牽引線

③

SINGNAL BOX
火車站的號誌樓

③ 昔日 CK124 蒸汽機車，正通過高雄港站的號誌樓前。

④ 昔日高雄港站的號誌樓外觀。

⑤ 昔日高雄港站的號誌樓二樓內部，透過閘柄控制站內的轉轍器。

　　如前面所述，一個火車站，站體、月台、軌道，是基本的三元素，但還需要有轉轍器與號誌的加入，才能完成正常功能的火車站。但是人類在一百多年前，是如何控制轉轍器與號誌呢？答案就是利用號誌樓！鐵道人員駐紮在號誌樓，人工操作轉轍器與號誌，因此號誌樓相當於一個車站的大腦，是認識車站不可忽略的重點。

　　號誌樓的英文是 Signal Box，這個英文字源自十九

④

⑤

① 德國南部黑森林鐵路（Sauschwänzlebahn）的號誌樓外觀。

② 英國藍鐘鐵路的出發號誌，左位式，上象型號誌，上舉表示平安。

③ 英國藍鐘鐵路（Blue Bell Railway）的號誌樓內部。

世紀的英國。因為古老的號誌樓，都是方方正正的結構。號誌樓控制的鐵路號誌系統，就是臂木式號誌（Semaphore），是人類使用歷史最悠久的號誌系統，臂木式號誌最早出現於鐵路發源地英國，於1841 年英人 C. H. Gregory 所發明，至今已有一百八十年左右的歷史。全球世界各地，凡仍使用「人工或憑證閉塞制度」的鐵路，幾乎都可以見到它的蹤影，帶有濃厚的鐵道文化氣息。

臂木式號誌依其顯示方式、所在位置及原理，有下列三種分類方式：

① 兩位式 (Two-position) 和三位式 (Three-position)

所謂兩位式是指只有平安和險阻兩種，三位式是有平安、注意、險阻三種。現代化鐵路仍使用臂木式號誌者，以前者型式居多，台鐵亦然。

② 上象式 (Upper quadrant) 和下象式 (Lower quadrant)

4

4 台灣平溪線鐵路的出發號誌，左位式，下象型號誌，下擺表示平安。

5 德國鐵路的三位型號誌機，右位式。

所謂上象式是指擺臂往「上舉」為平安，水平則為險阻；反之下象式是指擺臂往「下擺」為平安，水平則為險阻。因水平像似有人舉手臂阻止之意，因此通用。台鐵則使用下象式，故加平衡錘，具有（Fail-Safe）安全防誤的功能。

③ 左位式（Left position）和右位式（Right position）

所謂的左位式是指鐵路行車靠左線，號誌機擺臂在機桿的左邊，號誌機的位置也盡可能安排在路線左側，因司機座位靠左之故。相同的右位式的原理亦然，號誌機擺臂在機桿的右邊。台鐵因行車路線靠左，所以使用左位式。

基本上，台鐵的臂木式號誌系統和世界上其他國家差不多，主要差別只在台鐵是靠左線行車，號誌擺臂在號誌桿左側，以及屬於二位式及下象式而已。如今這種號誌雖然已經不多見，卻與鐵道電氣路牌一樣，很值得作為鐵道文化資產加以保存。而號誌機上的擺臂（號誌臂），是以一纜線拉動連接至車站的槓

桿，也就是號誌錘柄加以控制。通
常這些號誌錘柄會集中成控制台，
位於車站月台前或「號誌樓」裡，
由站務人員集中控制，由號誌樓人
員按鈕處理。

　　台鐵在 2002 年以前的花東線
以及若干支線，在非自動號誌區
段，也使用號誌樓與臂木式號誌。
如今隨著時代進步，今日的台鐵全
面改為自動號誌區段，臂木式號誌

逐漸淘汰，用電氣色燈號誌取代。過去台鐵的號誌樓
與臂木式號誌，如今已經不可復見，只能去外國觀
賞。不過台灣還是有保存一些，作為鐵道文化資產，
例如高雄港站還保存一座號誌樓，平溪線的十分站還
有一套臂木式號誌。

① 台灣鐵路的出發號誌，下擺代表平安。
② 台灣鐵路的進站號誌，平舉表示險阻。
③ 當臂木式號誌淘汰之後，為電氣色燈號誌所
　 取代。

④ 台灣鐵路的 CK101 蒸汽機車,在彰化扇形車庫的轉車台。

⑤ 台灣鐵路的 R102 柴電機車,在屏東線枋寮站的轉車台。

TURNTABLE
火車站的轉車台

　　「轉車台」是人類鐵路蒸汽火車時代的產物,透過轉車台的旋轉,可以讓蒸汽火車轉向,也是許多火車站的重要路線設施。

　　二十世紀後,隨著蒸汽機車的發展,體型越來越大,配合長度的增加,轉車台從直徑 50 英尺逐步增加至 120 英尺。配合以轉車台為中心輻射出的軌道,加蓋的扇形車庫(round-house),除了提供火車轉向的功能,兼備火車入庫駐車的選擇,轉車兼入庫一次到位,這使得扇形車庫越來越多。

　　然後,二次大戰之後,世界

第 ① 章

認識火車站的精采世界
Introduction

火車站的轉車台
Turntable

各國的鐵路柴油化，蒸汽機車大幅減少，而柴油機車對於轉向的需求不高，轉車台的實用性因此降低。緊接著是鐵路電氣化，電力機車有前後兩個駕駛座，鐵路營運不再需要轉車台，更不需要扇形車庫，於是轉車台逐漸沒落，只有少數車站因為特殊需要而保留，其他則逐步淘汰。

在蒸汽火車的時代，對於火車站而言，轉車台是很重要的。如今它與號誌樓一樣，都成為珍貴的鐵道文化資產。參閱系列書《世界的鐵道博物館》。

❶ 透過鐵道模型的創作，也能締造出自己的轉車台與扇形車庫，停滿蒸汽機車，回到蒸汽火車的時代。（筆者的交通科學技術博物館的創作）
❷ JR 西日本的 C571 蒸汽機車，在山口線津和野站的轉車台。
❸ 日本大井川鐵路的 C11164 蒸汽機車，在新金谷站的轉車台。

第 2 章

各種鐵道功能的
FUNCTIONS
火　車　站

韓國的釜山車站。因為連接釜山港口,有大
量海運貨櫃的貨運需求,也是首爾到釜山鐵
路幹線的終點,客運的需求龐大,是經典的
客貨運站。

各種鐵道功能的火車站

❶ 義大利米蘭的中央車站，是屬於平面型的火車站，中央的號誌樓更是知名的古蹟建築。

❷ 台灣高鐵的新竹站，是屬於高架化的火車站。

在本章中，我們離開前面基礎的章節，正式進入到進階的單元，您將發現，火車站的功能與型態其實包羅萬象。除了單純的客運、貨運的功能之外，它還可以連結水運的港口、開啟陸運國門的邊境、火車維修的基地，以及火車頭旅館的扇形車庫。讓我們認識十四種不同功能型態的火車站，一起揭開火車站功能的面紗。

高鐵新竹站
HSR Hsinchu station

SURFACE
平面型的火車站

③ 美國華盛頓特區的中央車站，是平面型的火車站（Surface station）。

④ 台鐵的台中火車站，未改建之前，是平面型的火車站。

平面型的火車站，是所有火車站一開始的雛型。它的特徵是車站建築、停車軌道、候車月台全都在同一個平面上，讓客運的聯絡動線最短。旅客要搭火車，從車站到第一月台也最快，如果不能直接穿越軌道到其他月台，就需要天橋或是地下道。

此外，之所以用「平面」，而不用「地面」這個術語，是因為考慮到登山鐵道車站。高山鐵道車站是平面型的火車站，卻不是在低海拔的地面上。

平面型的火車站，最大的優點是可以擁有偌大的客貨運站場與足夠的軌道駐車空間。許多歷史古蹟車站都是這一類型，例如美國華盛頓特區的中央車站，以及包含台灣的七大經典車站，未改建之前台南、台中火車站，也都是屬於這一類型。

但是這樣的車站，由於需要使用寬大的土地，隨著車站土地價格的高漲，與台鐵貨運的萎縮，不再需要貨運站場，使得台灣進行全面鐵路立體化改建，平面型的火車站大量消失，變成高架化或地下化的火車站，後面的單元會詳細介紹。

❶ 未改建之前的台南火車站，有偌大的客貨運站場，以提供足夠的軌道駐車空間。

❷ 台鐵的台南火車站，未改建之前也是平面型的火車站。

ELEVATED
高架化的火車站

雖然平面型的火車站建築設施的成本最低，但有天生的缺陷：第一是站外軌道必然存在平交道，如果列車班次密集，就必須用陸橋或涵洞去解決衝突；第二是火車站建築集中於一側，也就是前站，另外一側必須設置後站，但是後站的交通接駁設施與商業活動，必然不如前站。於是為了平衡前後站的都市發

❸ 日本新幹線的岡山火車站，是高架化的火車站，而前方的在來線岡山火車站，仍然維持平面型的火車站。

❹ 日本新幹線的盛岡火車站，是高架化的火車站，因為冬季降雪的問題，所以月台上方覆蓋密閉的雨棚。

展，火車站可以改建成跨站式的建築，或是發展成高架化的火車站，順勢解決平交道的問題，一舉兩得。

高架化的火車站，它的特徵是車站建築在地面，但是停車軌道、候車月台全部都是在高架橋上，部分車站空間也轉移到高樓層，以增加車站容積率，便於商辦合一的車站，發展招商活動。台灣目前正進行台鐵捷運化，全面鐵路立體化改建，包含屏東線（屏東到潮州）高架化，林邊車站高架化，台中鐵道高架化，還有員林車站高架化皆已陸續完工，未來還有嘉義車站與彰化車站，都要高架化。整體來說，高架化的火車站比地下化的車站來得好，地下化的火車站，後面的單元將會詳細介紹。

❶ 台灣的高鐵新竹火車站，興建時就是高架化的火車站，屋頂以風帆結構聞名。

❷ 台鐵的台中火車站，在改建之後，也成為高架化的火車站（Elevated station）。

高架化的火車站，最大的優點是擁有 A 型路權：與地面完全分離，沒有平交道。像是高鐵與捷運因為不能有平交道，因此高架化的結構是必然的結果之一。台灣的高鐵新竹站是很漂亮的高架化高鐵車站，屋頂以風帆結構聞名。

不過平面型的火車站，並非沒有存在的價值，以日本的鐵路為例，新幹線的火車站，因為不能有平交道，所以是高架化的火車站。但是緊鄰在來線的火車站，需要較大的客貨運站場與足夠的軌道駐車空間，仍然維持平面型的火車站，兩者並存，兼容並蓄。

SUBSURFACE
地下化的火車站

③ 波蘭的華沙中央車站，是地下化的火車站。
④ 巴塞隆納聖哲車站的地下月台，高速鐵路 AVE 在月台上待發。
⑤ 西班牙的巴塞隆納聖哲車站，是地下化的火車站（Subsurface station）。

　　鐵路地下化也是鐵路立體化的一種，一樣可以達成 A 型路權沒有平交道的要求。地下化的火車站，特徵是車站建築在地面，但是停車軌道、候車月台全部都是在地底下，部分車站空間也轉移到低樓層，以增加車站容積率。它最大的優點是大量釋出鐵路所占用的土地，包含車站與路廊，回歸都市發展的土地開發，也就是所謂「都市縫合理論」所提到論點。台北火車站於 1988 年開始地下化工程，以配合台北捷運路網，是台灣第一個地下化的火車站。

　　地下化的火車站其實也有缺點，首先，這類型的車站受限於空間，很多都只有通過線。通常車站的上下行軌道都各只有一股，相較高架化車站設置避讓線的比率較高，地下化車站設置避讓線的比率較低。如果是捷運系統地下化就沒有問題，因為是捷運的車輛是單一車種，但如果是傳統鐵路，會造成慢車擋快車。區間車一旦長時間停靠車站，後面的自強、莒光號都會受到延誤，不得不將速度放慢。這也正是世界各國的地下化的火車站，多數用於地鐵捷運，而很少用於傳統鐵路車站的原因。

　　其次，這類型的車站無法設置駐車

線，這表示車輛基地必然被迫遷移，鐵路的運輸容量將會受限，若是大都會的樞紐站，則會完全失去擴展多線容量的彈性。第三是地下化的火車站防災性較差，一旦發生大淹水，排水不及，後果實在不堪設想。2001 年 9 月，納莉颱風來襲，就曾經發生水淹台北車站的慘劇。第四是設置成本最高，地下、高架、平面的三種車站，其建置成本約 10：4：1，在車站營運之後，地下密閉空間，也需要龐大空調的電力費用。

❶ 台灣的台北火車站，是地下化的火車站，從空中鳥瞰整個站體，是一個四方型建築。

　　因此，台灣若一直追求鐵路地下化，會造成鐵路幹線變得脆弱不堪，產生效率變慢、速度下降等問題。世界各國大都會的樞紐站，採用地下化的火車站，除了台灣的台北車站，還有波蘭的華沙中央車站，西班牙的巴塞隆納聖哲車站等。雖然台灣目前正流行這樣的趨勢，但是這樣的火車站，世界各國也都是配合地鐵網路而改建，其利與弊值得觀察。

BOX

• 台灣鐵路車站的致命隱憂 •

台灣鐵路車站的危機在哪裡？1994 年幾位台灣交通學者提出的「都市縫合理論」，主要論點是消除鐵路，才能成就偉大的城市。這個理論成為繼 1990 年台北鐵路地下化工程後，台南與高雄鐵路地下化工程的理論依據，更成為台灣各大都市建設，每逢選舉必然開出的政策支票，也成為今日政商聯手炒作土地價格，得以合理化的利益共生鏈。

這二、三十年來，台鐵為配合政府都市發展與土地開發，以鐵路立體化與捷運化為名，進行高架化與地下化工程，許多火車站被迫進行改建。包含台中車站、高雄車站、台南車站等歷史古蹟，雖然不會立即拆毀，只是停用做為展示空間，卻也失去其原本車站的功能。

平心而論，鐵路立體化已經變成公式，

高架化或地下化是一種迷思，立體化不等於捷運化，只是可以消除平交道。真正鐵路捷運化的目的是提高運量，而鐵路需要多線化，快慢車分流，才能真正提高運量。但當前的前瞻基礎建設，讓傳統鐵路的基礎設施陸續消失，只剩表相的立體化，真正的結果只是在弱化鐵路幹線的功能，令人擔憂。

在台灣各縣市鐵路立體化的潮流中，因為高架化或地下化的空間不足，火車站的功能多數被簡化成簡易車站，而鐵路調車場陸續被迫遷移至外地。許多地下車站只有兩股通過線，不能辦理列車避讓與交會，而高架車站有設置避讓線的也不多，若是區間車停靠誤點，後面的自強、莒光等快車都會延誤。為了排點能夠寬裕，火車的速度變慢，效率也大受影響。更重要

的是，這些傳統鐵路的基礎設施陸陸續續消失。台鐵可謂遍體鱗傷，在都市發展與土地開發的熱潮退燒後，鐵路幹線效率變慢而且不可回復，這是台灣鐵路車站面臨最大的危機。

如今，隨著國家財政困難，人口成長與經濟活動趨緩，鐵路地下化本益比很低，自償率灌水，社會成本與爭議一直增加，是否還需要這樣舉債大興土木，債留子孫，改建車站炒作周邊土地呢？現今土地價格飛漲，如果沒有上一代，年輕一代根本買不起房子，財富世襲，權力世襲，教育體制也是權貴世襲，年輕人沒有未來，然而大家都著眼選舉的利益，這個 revolution 邊緣嚴重的社會問題，已經沒有人敢說真話，沒有人在關心了。

（本書作者的良心呼籲）

Salon Grand Voyageur

TERMINAL
終端式的火車站

② 法國的巴黎北站，是終端式的火車站。火車
羅列於終端式的月台。

③ 倫敦王十字車站的建築，站體可以看到兩個
月台的雨棚圓頂，就在鐘塔的左右兩側。

所謂終端式的火車站，是指火車站的建築設在軌道的盡頭，與鐵路的進站方向呈現 90 度，火車羅列於終端式的月台。在十九世紀時，這種車站都是利用大型的都會區車站，作為列車發車的起點站與抵達的終點站，又稱為 Terminal。這種設計的好處是，月台之間的聯絡動線變得很容易，旅客不需要跨越軌道，很方便轉乘換車，因此無需蓋天橋或地下道。它的站體建築可以很大，月台雨棚的圓頂也很大，許多歐洲的古典車站都屬於此類，例如法國的巴黎北站、英國的倫敦王十字車站、義大利的米蘭中央車站等。

不過，這樣的車站有個很大的缺點，就是進站的列車，得反方向「倒拉」著出去，因此列車出發時，必須派另外一部火車

頭連結在出口端，十分麻煩。但隨著時代的進步，具有駕駛功能的控制客車，火車有推拉式結構，電聯車與柴聯車陸續出現，列車有雙端駕駛室，問題就迎刃而解。因此歐美國家許多終端式的火車站，歷經百年歷史依然在運作，古蹟建築也得以保留。以前台鐵淡水線的新北投車站，也是終端式火車站，如今原址改建成為台北捷運的新北車站，成為台灣僅存的終端式火車站。

❶ 英國的倫敦王十字車站，為終端式的火車站。
❷ 台北捷運的新北投車站，是台灣僅存的終端式的火車站，車站入口在軌道的盡頭。

③

③ 日本 JR 北海道的塩狩站，可以明顯看到會車線避讓線，右側的火車在等候交會，車站有兩個側式月台。

④ 富山地方鐵道的有峰口站，中間有一個島式月台，分出對稱的會車線，是個可交會列車的火車站。

④

PASSING LOOP

交會列車的火車站

　　鐵路車站的軌道，或稱為股道，簡單可以分成通過線與停車線兩大類型。如果站內鐵道只有通過線，不能辦理列車避讓與交會，就屬於簡易車站，因此火車到達這種車站之後，如果沒有開走，後面的火車將無法進來，無法避讓列車，更尤甚者，如果是單線的鐵路，對向的火車也不能進站，也就無法交會列車。一旦火車的時間延誤，就會造成瓶頸（bottle neck），鐵路專業用語為閉塞（block）。

　　為了解決以上問題，就創造出可以交會列車的火車站，

這種設有避讓線（Passing loop），就可以將通過線與停車線獨立分開，提供列車駐車、避讓與交會。在台鐵三等站以上的車站都設有避讓線，當然如果車站有更大的土地面積，較大的火車站還設有駐車線，也就是較長時間的停車線，以提供列車到發使用，包含一般的客貨運站、客運專用的火車站，都是屬於這個類型。如果沒有避讓線，就只能當通勤車站，或是快車不停的招呼站，火車沒有辦法長時間停車。

交會列車的火車站，如果是登山鐵道，火車不方便停止在坡度的正線上，交會列車就利用之字形鐵路或折返式車站，後面的章節將有專題介紹。

❶ 日本 JR 九州的大畑站，肥薩線火車在之字形鐵路折返（Switch back），也是另一種交會列車的火車站。

❷ 九州的大畑站是知名的木造車站，以之字形鐵路聞名。

③ JR 北海道的幾寅站，只有柴油客車停靠。是普通車才停靠的招呼站。

④ 雪地中幾寅站木造的建築，正是電影《鐵道員》的場景——幌舞站。

⑤ JR 西日本的西敦賀站，只有一條通過線，一個側式月台，是快車不停的招呼站。

⑥ 台鐵花東線的山里站，是快車不停，只停最低等級的通勤客車的火車站。

HALT
快車不停的招呼站

　　所謂快車不停的招呼站，英文稱為 Halt 或是 Request stop。這種車站只有簡易的月台和一條通過線，讓最低階的普通車停車，因為月台長度很短，站房也很小，甚至省略，沒有車站人員，成為無人的招呼站，堪稱是最為簡單的客運火車站。這類車站在日本特別多，甚至成為旅人愛去尋幽的祕境車站。

　　這種火車站存在的原因，是服務偏遠地區的民眾，尤其是人口稀少的鄉間與山區，班次密度不高，以落實鐵路運輸的公共服務性，讓沒有私有運具的低收入民眾，也能有遠行的權利，但是隨著人口的減少，這種火車站往往面臨關閉，以巴士代替的命運。

　　日本電影《鐵道員》，用北海道的幾寅站為背景（電影中將此站改為幌舞站），就是演出這樣的故事；木造的車站建築，搭配一節柴油客車停靠，成為賺人熱淚的故事場景。

RAILWAY TRANSIT

客運專用的火車站

① 中國的上海站，偌大雨棚涵蓋所有月台軌道，沒有貨運站場，是客運專用的火車站。

② 中國上海的金山衛站，CRH2A 與 CRH6A 在月台上，是客運專用的火車站。

　　客運專用的火車站，就是車站雖然有月台，但只有會車的軌道，沒有駐車的軌道，也沒有貨運站場，這就是它的特徵。

　　這樣的火車站，只能辦理客運，讓旅客上下車，貨車只能短時間停靠，無法長時間駐車或是透過貨運用月台卸貨。舉凡世界各國的高速鐵路、大眾捷運、輕軌電車的車站，台鐵的通勤車站，都是客運專用的火車站。這樣的火車站讓鐵路業務變得單純，以客運的票箱收入為主。

❸ 日本新幹線的仙台站，E5 系新幹線從月台
上開出，是客運專用的火車站。

❹ 今日台鐵的台中火車站，車站改建成為高
架結構，貨運站場消失，也是客運專用的
火車站。

其實，客運專用的火車站，在台灣已經變成主流，因為台灣流行鐵路立體化，車站逐一變成高架化與地下化，駐車的軌道被拆除，節省了大量的土地。

例如今日的台北站與高雄站，鐵路地下化之後，將原有的客貨車站廢除，變成了客運專用的火車站。

這樣的趨勢，一部分原因來自於台鐵貨運的萎縮，另一部分是因為車站土地價格的高漲，轉移作其他的商業利用空間更能帶來收益。

RAILWAY FREIGHT
貨運專用的火車站

　　一般人對火車站的解讀，就是站體、月台、軌道三元素。不過，並非所有的火車站都能辦理客運，當一個火車站，只有站體、軌道，卻沒有月台，車站經常停滿了貨車，這就是一個貨運專用的火車站，簡稱為貨運站。

　　最初在十九世紀時，鐵道是以貨運起家的，後來才有客運。最早的鐵道運輸，是從港口的船運銜接陸路的貨運開始，以取代當時工作效率較差的馬車，因此多數港口站本身就是貨運站，而鐵道客運是在貨運逐步成熟之後，才開始發展。如果加上軍事需求，要讓鐵道運送軍車，鐵道貨運更可觀，因此這類火車站設置貨運用月台，就是讓貨車卸貨，或是讓軍車開上火車，以利長途輸送。

　　鐵道貨運曾經一支獨秀，興盛百年以上，直到二十世紀中葉，高速公路與汽車貨運發展，鐵道貨運才逐漸黯淡。無可否認的，鐵道貨運對於散裝的大宗貨物，例如煤炭、石灰石、水泥、穀物等、液體貨物，例如石油、汽油等危險物品，擁有最佳的輸送效率，也可降低公路運送的風險。因為鐵道「集合輸送」就是最有效率的方式，如果將一列五十節的貨車取消，分裝成五十台大貨車，在高速公路上跑，不但需要投入更多的能源、更多的人力，還會產生更大的汙染，而且輸送過程所產生的行車風險，是相當可觀的。

　　貨運可以滿足林業、工業、礦業、農業等多面向的經濟需求：例如火力發電廠需要運送煤炭，這是鐵道貨運的工業需求；林業生產的木材需要運送，這是鐵道貨運的林業需求。尤其是在冬季公路結冰，貨車難以行駛時，多數鐵路仍可以維持正常運作，因此鐵道的貨運運輸功能極為重要。台鐵因為費率失去彈

❶ 貨運專用的火車站，車站經常停滿了貨車，中國的滿洲里貨運站。

❷ 海拉爾的貨運用月台，一列運煤的列車停靠，這裡有燃煤的火力電廠。

❸ 昔日的高雄港站，在停辦客運之後，就是貨運專用的火車站，此情此景已經成追憶。

④ 哈爾濱的貨運站，許多貨車在雪地中，冬季大雪紛飛的鐵道雪景。

性，而使得鐵道貨運變得黯淡，只剩煤炭、石灰石、水泥、穀物等大宗物資還有市場。反觀在日本、中國、歐洲等許多國家，鐵道貨運依然是城際大宗貨運的主力，包含像鐵軌、液體貨物、貨櫃等，尤其在美洲地區，經常可以見到低底盤的貨櫃列車，貨櫃疊成雙層，可提高輸送效率。甚至數節火車頭重連，牽引上百節的貨車廂，浩浩蕩蕩，令人目不暇給呢！

世界最大的鐵道貨運，是新亞歐大陸橋（Trans-Eurasian high-speed railway），從中國東部的沿海港口（連雲港），經由隴海鐵路、蘭新鐵路、北疆鐵路，再經過哈薩克、烏茲別克、土庫曼、伊朗等國到達土耳其，由東歐進入德國。另外一條路線偏北，經由白俄羅斯、波蘭、德國到達荷蘭鹿特丹。雖然目前這條貨運新絲路尚未完成，但是蘭新鐵路的高速路線已經完工，客貨運兩用，新亞歐大陸橋一旦完成，將成為全世界最長的高鐵，重整全球的貨運版圖，運輸潛力不容小覷。

RAILWAY SIGNALING
特別管制的號誌站

　　特別管制的號誌站，係指不辦理客貨運輸，但是設有車站，以利管制列車停靠與交會。因為這樣的鐵路號誌管制英文稱為 Railway signaling，因此中文用「號誌站」來稱呼。基本上這類型的火車站，都是當地沒有客貨需求卻必須設站，設置在重要的橋梁、隧道的前方，或是較長的單線鐵路中間，因為這代表有列車交會調度的需求，必須派員監視以及管制風險。

　　在台灣的鐵路號誌站不少，例如北廻鐵路單線的時代，觀音隧道裡面的觀音號誌站，花東鐵路單線的時代，自強隧道前面的舞鶴站，但是後來隨著鐵路雙線化而停用。

• 火車站的三元素與車站的類型表 •				
	站體	月台	會車的軌道	駐車的軌道
一般客貨運站	◎	◎	◎	◎
客運專用車站	◎	◎	◎	
貨運專用車站	◎		◎	◎
管制的號誌站	可有可無		◎	

❸ 台灣南廻鐵路的中央號誌站，是中央隧道前特別管制的號誌站。

❹ 日本 JR 東日本羽前千歲站的轉轍器，以管制仙山線與奧羽本線，注意圖中鐵道軌距是不一樣的呢！

如今台灣最有名的，是南廻鐵路的枋野站，設站在枋野二號隧道的前方，是落山風的特別管制站，以避免火車行駛枋野二號時，遭強風吹落隧道。該車站沒有月台，不辦理客運，卻 24 小時派人駐守。另外還有中央號誌站，是中央隧道前特別管制的號誌站，也是中央隧道群雙線切換單線的起點。

的確，不辦理客貨運輸卻設置車站，是必須額外付出成本的，因為這代表該站的營業收入為零。因此不是特別的需要，不會特別設置號誌站，尤其是現代鐵路的行車控制進步，由 CTC 電腦控制，轉轍器與信號都能遙控，只要確定安全無虞，號誌站就會被取消。

如果號誌管制站若能跟現有的客貨運車站結合，可以達到節省成本的效果。例如日本 JR 東日本，就有一個很有名的羽前千歲站，站外有 1067mm vs 1435mm Cross 的轉轍器，以管制仙山線與奧羽本線兩條不同軌距的交會。因為奧羽本線上面有山形新幹線的列車，絕對不能發生新幹線與在來線的相撞意外，兩種列車的交會務必錯開，這一個號誌管制任務，讓羽前千歲站變得很有名呢！

③

④

連結水運的港口站

十九世紀的鐵路發展，正好處於海權時代，因此鐵路終點一定是連結水運的港口站（Harbour railway station ／ port railway station）。鐵路的建設與港口息息相關，把陸上最快的「火車」與海上最速的「輪船」連結起來，就是運輸經濟動脈。因此，任何稍具規模的港口一定要有港區鐵路，臨港線的港口站。港口是海港也可以是河港，例如挪威的佛洛姆車站，就有登山火車連接峽灣的渡輪，佛洛姆車站是連結水運的港口站。瑞典的斯德哥爾摩，因為水運發達，中央車站外即銜接河港渡輪。

又例如日治時期的台灣鐵路建設，1908 年縱貫線：基隆（港）站－打狗（港）站，1924 年宜蘭線：基隆（港）站－蘇澳（港）站，1926 年台東線：花蓮（港）站－台東（海岸），1941 年屏東線：打狗（港）站－東港站（先）－枋寮站（後）。甚至鐵路幹線興建的起訖點皆是港口，沒有一條幹線鐵路的端點不是設在港口邊。

另外一種連結水運的港口站，就是「鐵道輪渡」。顧名思義，就是火車從港口的浮橋開上了船，經由船運過江或是海峽，到了對面的港口，火車再從船開回陸地上。這種特殊的運輸情形，全球已經不多見，主要是因為橋梁技術的進步，以及河底與海底隧道的開通，火車穿越隧道，就能避免因為氣候因素，海象惡劣，造成鐵道運輸的班次中斷。

1988 年以前，日本本州與北海道，本州到四國之間，即有火車輪渡的存在。

❶ 海南島的海口站，就是連結水運的港口站。火車可以開上渡輪到廣東省，這是鐵道輪渡粵海鐵 2 號。

❷ 火車從船腹中開出，就是可以跨河渡海的「鐵道輪渡」。貝加爾湖的鐵道博物館模型。

1988 年隨著青函海底隧道與瀨戶海上大橋的開通，才走入歷史。過去英國到法國也有「鐵道輪渡」，最有名的莫過於東方快車，從倫敦維多利亞站搭火車，透過火車輪渡抵達法國巴黎。1994 年，英法海底隧道 Euro Channel 開通，歐洲之星的營運取代了鐵道輪渡，是全球一大盛事。如今，火車依然可以開上船，只是班次很少，成為稀有的事。

如今鐵道輪渡比較有名的，只剩從中國海南島到廣州省的鐵路，搭載火車的輪渡船必須越過瓊州海峽，從海南島的海口到對岸廣州的海安。而火車來到輪渡站，往往一列火車必須透過來回調度，拆成四段到六段，依序推入船中，輪船靠岸後，火車也必須依序加以組合，成為一件非常有趣的事。尤其是從海口到哈爾濱 K1123 與 K1124 次列車，這是目前中國跨海最長距離的火車，恐怕也是全世界火車輪渡跨海最長距離的旅程。

❸ 台灣的基隆港站，台鐵的普悠瑪號抵台之後在此下船，火車落軌之後才開進火車站。
❹ 斯德哥爾摩中央車站的鳥瞰，雙層的區間車正開出車站，火車站與運河水道相連結，旅客可轉乘遊船。

第 ② 章　各種鐵道功能的火車站
Functions　連結水運的港口站
Port railway station

陸運國門的邊境站

　　許多國家的土地相鄰，透過鐵路互相連結。基本上只要鐵路的軌距一樣，火車就可以直接駛入，但是需要進行邊境管制，稱為邊境站（border railway station）。旅客要在此站下車，辦理邊境管制程序，也就是 CIQ 海關證照檢疫，然後上車繼續駛往其他國家，入境的旅客亦然。

　　一般來說，兩國陸運國門的邊境站會有兩個，一個站辦入境，一個站辦出境，兩個站中間會有很短的邊境緩衝區。例如歐亞大陸的鐵路國家，俄羅斯、中國、哈薩克、烏茲別克、白俄羅斯、烏克蘭連接歐盟波蘭，旅客只要搭火車進入這些國家，都要下車跑程序，親身體驗出入境的流程。

❶ 這是中國陸運國門的邊境站，西伯利亞的滿洲里國門，上面寫著中華人民共和國。

❷ 這是俄國陸運國門的邊境站，西伯利亞的後備加爾斯克，牌樓上面寫著 Russia 的俄文。前方的軌道，就是很短的邊境緩衝區。

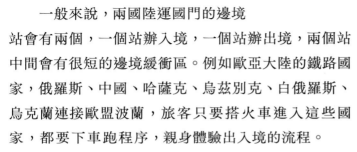

隨著歐盟申根簽證的涵蓋範圍擴大，歐洲各國許多鐵路邊境站，邊境管制程序就被取消，火車可以直接通過，旅客不必下車驗證 CIQ，歐洲成了鐵路無國界，例如西班牙與法國邊境的波爾特沃火車站（Portbou railway station）。如果鐵路的軌距不相同，火車就不能直通行駛，成為換軌距再開的火車站。例如中國陸運國門的邊境站，開往西伯利亞的滿洲里國門、開前往蒙古的二連浩特國門，這些都會在下一個單元詳細介紹。

BOX

· 世界陸運國門邊境站最多的
國家——中國 ·

中國是全世界鐵路陸運國門邊境站最多的國家，位處歐亞大陸東部，面積遼闊，與 14 個國家接壤，鐵道是歐亞鐵路網的東邊出口，鐵路路網也關係到亞洲的地緣政治。截至 2015 年為止，中國共有 11 條鐵路，邊境站與周邊鄰國連接，這種邊境站被稱為「口岸站」。包含俄羅斯 3 個鐵路口岸、北韓 3 個鐵路口岸、越南 2 個鐵路口岸、蒙古 1 個鐵路口岸、哈薩克 2 個鐵路口岸，中國與這 5 個國家實現直通客貨運輸。這些火車必須穿越「鐵路國門」後，才能進入鄰國。

❸ 中國滿洲里車站連接俄羅斯，前往西伯利亞的旅客，要在此站辦理 CIQ 海關檢疫出境。

❹ 中國二連浩特站，連接蒙古的鐵路，火車得換軌距再開，完成 1520mm vs 1435mm 的軌距切換，駛往蒙古。是經典的陸運國門的邊境站。

①

BREAK OF GAUGE
換軌距再開的火車站

　　許多國家因為土地相鄰，常會透過鐵路互相連結。但是，若是鐵路的軌距不一樣，火車就不能直通行駛。因此在陸運國門的邊境站，必須讓火車停下來整合處理。比較簡單的方式是鐵路客運轉乘，鐵路貨運換裝，讓客貨裝入對方的火車；另外一種比較複雜的方式，是讓火車換軌距再開，甲國的火車就可以繼續駛入乙國的火車軌距系統。

　　換軌距再開的軌距轉換系統，英文稱為 Break of gauge，可以分成傳統的「更換轉向架式」以及「自動轉換式」兩種。前者比較常見，以中國對蒙古與俄羅斯為例，火車先拆成兩列，像積木一般排列組合，然後用堆高機堆高，接著將 1435mm 標準軌轉向架推出，再將 1520mm 寬軌轉向架推入，火車完成更換軌

❶ 中國的滿洲里貨運站，有兩種軌距的貨車，右邊是俄羅斯 1520mm 軌距鐵路，左邊是中國 1435mm 軌距鐵路。

❷ 兩種軌距的貨車。在此處，不更換貨車的軌距，直接進行鐵路貨運換裝。從右邊俄羅斯的貨車中，直接搬貨到左邊中國的貨車裡。

1435mm   1520mm   ❷

❸

❹

距，整個換軌過程，全部是機械化作業，包含轉向架的移動，像是另類的列車行進。自動轉換式比較少見，以西班牙對法國為例，透過 Talgo 自動轉換系統，車廂 1435mm 標準軌轉向架，拓寬為 1668mm 寬軌。

最有趣的是，旅客是搭乘火車經過換軌距再開的火車站，無需離開車廂，就能目擊換軌過程，那將是難忘的記憶。例如在西伯利亞鐵路的中俄邊境站，旅客就能體驗更換轉向架的流程，地上有四根鐵軌，兩種軌距，車廂編組不停的撞來撞去，然後騰空而起，又落回地面，是特別的經驗。又例如在西班牙與法國邊境站，旅客體驗 Talgo 自動轉換系統，看到許多巧妙的機關藏在火車廂底下，慢速過關之後，展開不一樣的世界，鐵軌寬窄伸縮簡直像變魔術。我相信只要是鐵道迷都會愛上這裡，真是妙不可言的火車站，一生值得體驗一次！

❸ 中國的二連浩特火車站，火車進行 1520mm vs 1435mm 的轉向架轉換。最有趣的是，旅客會被帶進這個空間，全程目睹整個過程。

❹ 讓火車更換軌距再開的火車站，是透過車廂的頂升機更換轉向架，好讓火車再開出去。

❶ 日本新幹線的維修基地。JR 東日本的田端基地。

DEPOT/WORKSHOP

有維修基地的火車站

　　在鐵路車站的世界裡，有種另類的火車站，它不辦客運與貨運，因此旅客不會在此上下車，只有鐵路員工可以進出，那就是車輛的維修基地！雖然維修基地沒有對外營業，但依然屬於車站的一種，只是該站用於車輛的製造、維修、編組、整備等。依照土地與建物規模的大小，維修基地可以分成三個等級，依序為機廠（Depot）、調車場（Shunting yard）、機務段與檢車段（Maintenance workshop）三大類。

　　台灣最經典的大型車輛維修基地，就屬台鐵的三大機廠：1935 年啟用的台北機廠，1975 年啟用的高雄機廠，1996 年啟用的花蓮機廠。機廠英文稱為 depot，是需要大量土地面積的維修基地。

　　台北機廠起始於台灣總督府交通局鐵道部台北鐵道工場，1935 年啟用，是台灣最古老的車輛基地，面積約 19 公頃。台北機廠見證日治時期台灣工業近代

化、鐵道車輛發展以及土木建設史，台灣鐵道發展至今皆受其影響，至為珍貴。營運高峰期曾有五工區十七工場，後來大致分為四大工區，下轄十二個工場，廠區內還有露天大吊車、牽車台、總辦公室與澡堂、籃球場、大禮堂等設施，符合文化資產保存之歷史與活化之價值條件。不過，為配合都市發展與土地開發，2012 年 1 月 31 日台北機廠停用，目前機廠原址全區保留，作為國家鐵道交通博物館籌備處。台北機廠遷廠於北部「富岡基地」，2013 年 1 月 10 日正式啟用，富岡基地還設了新富車站，給鐵路員工上下車。

高雄機廠起始於 1917 年，台灣總督府交通局鐵道部高雄鐵道工場，1975 年遷廠至鳳山現址，以高雄第一臨港線前鎮車場為車輛進出的股線，主要業務是維修台鐵各式無動力客車及貨車車廂，為南台灣最大的鐵路車輛維護廠。不過，同樣為配合政府都市發展與市區鐵路地下化政策，以利都市土地開發，高雄機廠亦被迫遷移到「潮州基地」。2018 年 1 月 10 日遷廠動工，已於 2021 年 12 月全部完工，機廠原址將

❷ 中國高速鐵路的上海車輛基地，可以看到一整排高鐵列車。

②

改建為住商用地，名為「凱旋新境」。

而花蓮機廠興建於 1917 年，舊廠址位於花蓮舊車站的西南方。由於當時東線鐵路為 762mm 軌距，所以該廠的角色很特殊，負責當時東線鐵路的 762mm 軌距所有車輛的維修工作。1981 年，隨著北迴鐵路通車及東線鐵路拓寬為 1067mm 軌距之後，台灣環島鐵路軌距統一，花蓮機廠繼續使用，負責將 762mm 軌距改造成 1067mm 距車輛。1996 年花蓮機廠遷移至花蓮車站旁邊，主要業務是負責維修客車，各型動力客車、柴液機車、電源行李車之檢修及改造。花蓮機廠是目前為一沒有因都市土地開發而被迫遷移的機廠。

其次，鐵路車輛基地除了最大型的 depot 機廠之外，還有第二級的規模，就是所謂的調車場（Shunting yard／Classification yard），這種是附屬於大型車站旁，是有比較完善的調車作業設施，可以集中處理大量列車到達、編組、出發等列車作業。台灣鐵路比較知名尚在完整運作者，如北部的七堵調車場與樹林調車場，七堵調車場還曾經是台灣最大的「駝峰調車場」，如今已經消失，轉型為平面調車場，樹林調車場規模龐大，目前還設南樹林站，給鐵路員工上下車。而南港調車場與板橋調車場，則因為鐵路地下化工程而消失，其他如台中大肚調車場與高雄的前鎮車場等，如今都隨著業務結束而走入歷史。

車輛基地依附於火車站，屬於第三級的規模，比調車場小，用於簡易車輛維護、編組、整備等，也就是火車的保養工廠（maintenance wokshop），就行政業務區分，可以區分成機務段與檢車段兩種。機務段主要工作是動力機車 locomotive 的檢修，檢車段主要工作是無動力的客貨車 coach 的檢修。目前台鐵包含有七堵機務段（宜蘭機務分段、蘇澳機務分駐所、基隆機務分駐所），台北機務段，新竹機務段（苗栗機務分駐所），彰化機務段（彰化扇形車庫、二水機務

❶ 扇形車庫也是火車維修車輛基地的一種，是蒸汽火車時代的產物，十分珍貴，這是台灣最後一座彰化扇形車庫。

❷ 昔日台鐵高雄機廠的車輛基地，如今因為轉移作都市土地開發，原址的鐵道基地便化為烏有。

分駐所），嘉義機務段，高雄機務段（左營機務分段、枋寮機務分駐所），花蓮機務段（台東機務分段）。檢車段則有台北檢車段，彰化檢車段，高雄檢車段三個場所。

然而，目前台灣鐵路面臨最大的問題，就是車輛維修基地大量消失。因為各大縣市，流行鐵路立體化，車站改建高架化與地下化，以配合都更土地開發，維修基地必須遷移至郊區，無法在高架化與地下化的路段中保留，甚至配合都更計畫一再遷移，無法與原本的車站相連，鉅額的調度成本，造成台灣鐵路的體質變得很脆弱，變成一個不可逆的弱化體制。日本東京的土地不論怎麼昂貴，新幹線的維修基地，JR東日本的田端基地並沒有遷移或消失，鐵路的世界不可能只要火車跑，卻不要鐵路維修基地啊！

最後簡單歸納整理，不論鐵路維修基地是何種規模，機廠、調車場、保養工廠，裡面的元素除了軌道之外，不乏有車庫、轉車台，與號誌樓等，其中以扇形車庫最令人矚目，下一個單元會詳細介紹。

ROUNDHOUSE

有扇形車庫的火車站

① 日本京都的扇形車庫，取消車庫門，左側一部分還在當火車維修基地使用，右側一部分已經變成了博物館。

② 挪威棟巴斯的扇形車庫，仍然維持北歐寒帶，斜式屋頂與車庫門的建築樣式。

　　扇形車庫是鐵路車輛維修基地的亮點建築。所謂的「扇形車庫」(Round house)，是以「轉車台」(turn-table) 為中心輻射出的軌道，在上面蓋車庫，以提供火車長時間駐車。這樣的設計，源起於歐洲十九世紀中葉蒸汽火車盛行的年代。蒸汽火車在出發前，需要數小時的生火升壓時間。因為冬天寒冷甚至降雪，透過扇形車庫，讓蒸汽火車過夜停駐，讓蒸汽機車可以保火（維持溫度），車庫有門，可以保暖；屋頂有煙囪，可以讓火車透氣，不至於煙霧瀰漫。這樣行之有年，從

英國流傳到歐洲各國，也就成為全球最有特色的鐵道建築。隨著蒸汽機車越來越多，有些國家甚至出現雙扇形車庫（Twin-round-house），不難想見蒸汽火車對它的依存度有多高。

扇形車庫有許多優點，其一就是軌道中心的轉車台，除了提供火車轉向的功能之餘，兼備火車入庫駐車的選擇，轉車兼入庫一次到位，提高了調度效率。其二就是讓車庫具有經濟與彈性，例如一開始扇形車庫只蓋六股有屋頂的入庫線，其餘十二股都是沒有屋頂的駐車線，但是隨著蒸汽機車的數目增加，或是夜間駐車的班次增加，扇形車庫可以繼續加蓋至十股，甚至更多。美國甚至有環形 360 度的扇形車庫，這

❸ 羅馬尼亞西畢烏的扇形車庫，車庫仍然維持有門的設計。

❹ 瑞士琉森的轉車台，扇形車庫為了配合鐵路電氣化駐車，而改建成一般車庫。

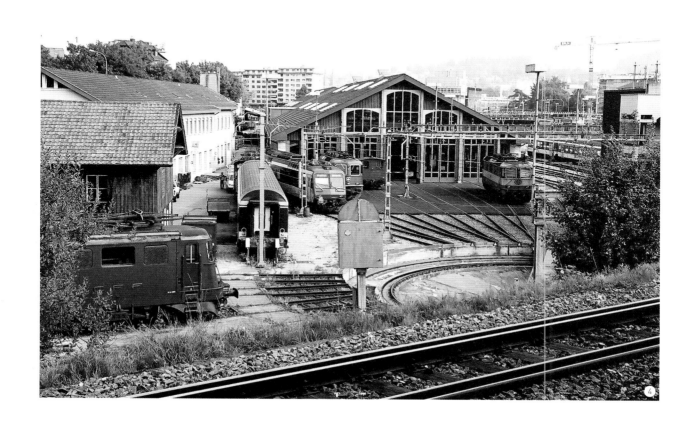

就是它有別於方形車庫的地方，在於它的車庫線具備
成長性，英文稱為 Round house，就是這個道理。

　　然而，隨著時代進步，扇形車庫也開始面臨挑
戰。首先是二十世紀後，蒸汽機車越來越大，轉車台
從直徑 50 英尺逐步增加至 120 英尺，這使得輻射而
出的扇形車庫占用的土地越來越多，而不敷使用；第
二是鐵路柴油化，蒸汽機車大幅減少，而柴油機車對
於轉向的需求降低，夜間駐車也不需要保火，扇形車
庫的實用性降低；第三是鐵路電氣化，電力機車有前
後兩個駕駛座，不再需要轉車台，更不需要扇形車庫
駐車，而電聯車 EMU 的時代來臨，車庫結構完全改
變，車庫需要電車線，扇形車庫面臨拆除命運，只留
下轉車台，改建成一般車庫。當然，有些國家刻意要
保存古蹟而改造，例如奧地利茵斯布魯克的扇形車
庫，為了配合鐵路電氣化，軌道中心加設輻射形電車

❶ 盧森堡火車站停用的扇形車庫，如今成為古蹟。
❷ 奧地利茵斯布魯克的扇形車庫，為了配合鐵路
　電氣化而改造升級為電力機車庫。

❸ 義大利米蘭郊區的扇形車庫，為了配合鐵路電氣化而改造升級為電力機車庫。

線，改造升級為電力機車庫。

　　因應世界各國鐵路不同的環境，扇形車庫的建築也得因地制宜。例如寒帶地區的斜式屋頂（以利落雪），與車庫門的建築樣式，在亞熱帶地區就完全不需要，台灣就是這種類型。歐洲有許多磚造扇形車庫，在亞洲的日本，只保存小樽扇形車庫一座，其他都是RC鋼筋水泥建築，包含台灣的扇形車庫也是。台灣在日治時期，曾經有過六座扇形車庫，然而歷經二次大戰盟軍的轟炸，和時代的進步，如今逐步淘汰到只剩下彰化一座。無疑的，擁有扇形車庫的火車站，是那樣的特別、那樣的珍貴，而彰化正是台鐵山線與海線的樞紐站，這座扇形車庫，是彰化的唯一，更是台灣僅存的唯一，國人更當好好的珍惜。

BOX

• 台灣最後一座扇形車庫：彰化扇形車庫的保存 •

2022年6月2日，彰化扇形車庫列為國定古蹟，這是可喜可賀之事。面對未來彰化市區鐵路高架化，扇形車庫要如何動態保存，聯外軌道系統等問題，在彰化扇形車庫成為國定古蹟之後，對於它的未來，活化再利用會很有幫助。

世界上利用扇形車庫作為鐵道博物館的例子，不在少數，尤其是扇形車庫與轉車台，最能擄獲大家的心。在台灣比較被民眾熟知的是日本，包含北海道小樽綜合博物館與京都鐵道博物館。但是利用雙扇形車庫作為鐵路博物館的例子，就屈指可數，比較有名的就是德國、匈牙利、羅馬尼亞三個國家。

簡單條列如下：

美國：巴爾的摩與俄亥俄鐵道博物館
加拿大：多倫多鐵道博物館
羅馬尼亞：西畢烏扇形車庫博物館
匈牙利：布達佩斯鐵道博物館
西班牙：加泰隆尼亞鐵道博物館
丹麥：歐登塞鐵道博物館
波蘭：沃爾什滕蒸汽火車博物館
德國：柏林科技博物館
日本：北海道小樽綜合博物館
日本：京都鐵道博物館

不過，地方政府與媒體在報導彰化扇形車庫時，常會用亞洲唯二，或世界唯二的頭銜，這些說法訛傳許久，並不真實。不過，即使彰化扇形車庫不是亞洲唯二或世界唯二，並沒有因此而折損它應該保存的價值，詳細請參閱筆者《世界的鐵道博物館》一書。

此外，「扇形車庫」的英文是Round house，「轉車台」的英文是turntable，但是在台灣的解說，卻一直使用錯誤的台式英文，扇形車庫寫成Fan-Shaped Train Garage照字義翻譯，「轉車台」寫成rotating platform，應該及早更正，從這個問題，也對照出台灣對於這方面資訊的貧乏。

第 3 章

阿里山鐵路的樟腦寮車站，是登山鐵路的火
車站，也是位居深山裡面森林鐵路的火車
站，如今它是台灣最後一個折返式車站。

各種風景獨特的

FEATURED

火　　車　　站

INTRODUCTION

各種風景獨特的火車站

① 日本的東京車站，是屬於藝術建築的古蹟車站。

② 台灣台鐵的追分車站，是屬於思古幽情的木造車站。

　　在這一篇章中，我們將跳脫火車站的基本功能，進入火車站的應用設計世界。一般人總以為火車站不過就是一棟房子而已，其實房子本身就有多種類型，而且車站為了因應不同類型的火車、不同的地形，火車站與月台及軌道，產生許多複雜的變化與組合，車站建築也得因地制宜。

　　我們從一般最簡單易懂的木造車站開始，一路介紹到最不像車站的產業鐵路火車站，由淺入深，並點出共同的特徵。這十六種風景獨特的車站，讓您大開眼界。

③

BOX

· 台灣鐵路現有木造車站一覽表 ·	
縱貫線	七堵車站、香山車站、石榴車站、後壁車站、林鳳營車站、保安車站
海線	談文車站、大山車站、日南車站、新埔車站、追分車站
舊山線	勝興車站、三義車站（特別保存於小雪霸渡假村裡）
屏東線	三塊厝車站、竹田車站
支線	菁桐車站、合興車站、集集車站
捷運	新北投車站（特別保存於捷運新北投站外面）
阿里山森林鐵路	北門站、鹿麻產站、竹崎站、奮起湖舊站、阿里山站（新）、沼平站（新）、對高岳站（新）、石猴站
太平山與羅東森林鐵路	竹林站（新）、大洲站（新）、天送埤站、太平山站（新）
台灣糖業鐵路	溪湖站、虎尾站、蒜頭站、旗山站、烏樹林站、營長牧場站（新）、板頭厝站（新）

（新）代表新造，不是歷史建築。

③ JR西日本的出雲橫田站，門前屋簷的三角設計「破風」與「注連繩」，猶如廟宇雄偉。

WOODEN STATION
思古幽情的木造車站

　　在本章十六種風景獨特的火車站中，讓國人感覺最親切，最簡單易懂的，莫過於木造車站了。尤其是木造車站所散發的獨特香氣，置身其中，總讓人感受到濃濃的思古幽情。

　　台灣過去百年來就是優良的木材產地，台灣五木（紅檜、扁柏、台灣杉、香杉與肖楠）質地良好，自然成為車站建材。在日治時期，受日本車站建築影響，當時台灣鐵道的木造車站占大多數，品質精良耐用。如今不論是台灣或是日本，都還有為數甚多的木造車站仍在使用。

　　木造車站的共同特徵，都是使用木材作為主建材，並搭配傳統屋瓦建築而成，其中以日本最具代表性。木造車站的主題多到可以深入寫成很多本書。比較知名者如JR東日本的山寺站、山都站、奧多摩站、御嶽站等，奧多摩站還是難得一見的雙層木造車站建築。JR九州的肥薩線，也保存一系列經典的木造車站，例如大隅橫川站，都是深棕色為主。而JR北海道的塘路站，是日本極少數原木色的木造車站。

第③章　各種風景獨特的火車站
Featured

思古幽情的木造車站
Wooden station

77

❶ JR 高尾站，車站正面的入口，如神社般莊嚴。

❷ JR 九州的大隅橫川站，是肥薩線最為經典的木造車站之一。

❸ JR 東日本的山寺站，是仙山線的著名景點。

❹ JR 東日本的山都站，「山都」的日文與「大和」相近而聞名。

❺ JR 東日本的御嶽站，是日本經典的「唐破風」木造車站。

❻ JR 東日本的日野站，是東京首都通勤圈少數保存的木造車站。

❼ 蘆之牧溫泉站，是會津鐵道的知名景點，還有貓咪站長。

❽ JR 東日本的奧多摩站，
難得一見的雙層木造車
站建築。

❾ JR 北海道的塘路站，是
日本極少數原木色的木
造車站。

ART MONUMENTS

藝術建築的古蹟車站

❶ 德國柏林的腓特烈大街火車站，1882 年 2 月 7 日啟用。
❷ 腓特烈大街火車站，1900 年的磁磚牆老照片，還原戰火洗禮前原貌。

　　什麼是藝術建築的古蹟車站？基本上這類型的車站，誕生於十九世紀或是二十世紀初，至今約有百年的歷史。但是對於使用的建材，並沒有一定的規範，多數只要合乎藝術建築古蹟即可。

　　這類的火車站都極具建築特色，以台灣來說，就是日治時期台灣西部幹線七大經典建築大車站，包含基隆車站、台北車站、新竹車站、台中車站、嘉義車站、台南車站和高雄車站，皆具有代表性與獨特性。這一批車站，以基隆車站在 1967 年最早拆除，其次是第二代台北車站在 1988 年拆除，其餘車站都保留了下來。後來台中車站與高雄車站，因為鐵路立

❸ 米蘭中央車站。／❹ 義大利高鐵 ETR500 型，通過米蘭中央車站的古典號誌樓建築。／❺ 美國的首都華盛頓中央火車站。

體化改建工程而停用，如今新竹車站、嘉義車站、台南車站都尚在使用中。

　　歐洲現今保存下來藝術建築的古蹟車站，都十分珍貴。因為歐洲經歷過兩次世界大戰，尤其是二次大戰的空襲，讓許多古蹟車站殘破不堪，戰後部分重建，例如德國柏林的腓特烈大街火車站（Bahnhof Berlin Friedrichstraße），1882 年 2 月 7 日啟用，雖歷經戰火的洗禮仍保存迄今。而塞爾維亞的首都貝爾格勒火車

❶ 挪威的卑爾根火車站，是北歐知名古蹟車站。
❷ 塞爾維亞的首都貝爾格勒火車站。
❸ 羅馬尼亞的西納雅火車站。

站，還經歷南斯拉夫內戰與後來二十世紀末的科索沃戰爭，保存迄今更屬不易。有些車站則是因為運量增大，不得已得改建，例如挪威的奧斯陸車站。

藝術建築的古蹟車站，其共同特徵都是具有時代意義的歷史建築。尤其是許多國家的首都車站，或是大都會的中央車站，更是某個時期的縮影。例如美國的首都華盛頓中央火車站（Washington DC station）、挪威的卑爾根火車站、義大利米蘭中央車站、英國倫敦的王十字站與維多利亞站、法國巴黎的里昂車站與巴黎北站，巴黎奧賽火車站還成為今日知名的奧賽美術館，俄羅斯的莫斯科亞羅斯拉夫斯基站與海參威車站，不勝枚舉。在歐美國家，光是古蹟車站這個主題，就足以讓旅人一直出發，搭火車四處去參觀遊歷呢！

❹ 巴塞隆納法國車站是西班牙往來法國的門戶。
❺ 巴塞隆納法國車站的內部空間陳設，該車站於1848 年啟用。

造型獨具的特色車站

① 日本和歌山鐵道，以小玉 TAMA 貓咪為主題造型的貴志站。

② 日本真岡鐵道，以蒸汽火車頭為造型的真岡火車站。

③ 真岡火車站的圓形正門口，其實也就是蒸汽機車的「動輪」造型。

　　什麼是造型獨具的特色車站？這沒有客觀的定義，只能憑主觀認定。基本上只要火車站的建築打破常規，不落俗套，用特別的造型、建築材料，去蓋一個很有創意的車站，讓人看了不覺莞爾，就能算是造型獨具的特色車站。

　　例如日本以蒸汽火車頭為造型的真岡火車站，讓

❹ 英國的伯明罕火車站,是曲面鏡組合藝術的特色車站。

❺ 伯明罕火車站的不規則鏡面建築,可以反射下方的火車。

❻ 英國的 Pendolino390 高速電聯車,正從伯明罕火車站開出。

人一看就懂,就連蒸汽火車的頭燈與除煙板都化為車站的建築元素,火車站的圓形正門口,其實也就是蒸汽機車的「動輪」造型。更有趣的是,這個車站還是一個車庫,蒸汽火車頭會從車站開出來,這個創意實在無可取代。又例如日本和歌山鐵道,以貓咪造型為主題的貴志站,屋頂兩個貓耳朵,不知道吸引世界多少貓奴不辭千里來這裡拍照,車站裡面還有貓咪站長駐站呢!

在歐洲還有許多特色車站,融入現代藝術與公共藝術的美學元素,這樣的案例非常多。例如英國的伯

明罕火車站，是一個曲面鏡組合藝術的特色車站，你看到的車站造型，取決於你所站的位置與角度，透過火車站的不規則鏡面建築，可以反射下方通過的火車，原來車站就是一個萬花筒！德國柏林的中央車站外觀，是由許多玻璃組合而成的特色車站，柏林的中央車站裡面，搭配金屬顏色電扶梯與電梯，整個視覺立體的穿透性，充分表現出現代藝術之美。

　　這個類型的火車站，與世界各地的「在地文化」有關，饒富趣味，也是第五章分類統計最多的一種，**這些造型獨具的特色車站，每一個都是匠心獨具的建築，獨一無二絕不重複，值得鐵道迷或是旅人去追尋。**還有人說，當一座火車站完全不像火車站，能讓人慕名而來，就算是特色車站。例如加拿大的魁北克中央火車站，造型根本就是一座古城堡呢！

❶ 加拿大的魁北克中央火車站，造型就像一座古城堡。門口招牌寫 GARE DU PALAIS，法語的意思就是宮殿火車站。

❷ 柏林中央車站裡面，金屬電扶梯與電梯，透過陽光穿透玻璃的照明，立體堆疊的結構分明。

❸ 德國的柏林中央車站，是由玻璃組合而成的特色車站，是柏林旅遊的景點。

❹ 德國高鐵 ICE2，正駛出柏林中央車站。

SECRET

杳無人煙的祕境車站

❶ JR 東日本的下久野車站，置身於山林田野之中，是一個祕境車站。。

❷ 下久野車站只有一個側式月台，一個木造雨棚，與一條通過線。

什麼是祕境車站？這個說法，其實是從日本流傳到台灣的。它沒有獨特專屬的定義，只有多數人常識的認定。

在日本，流行一個人的鐵道之旅，尋訪的祕境車站都是小站，地處偏僻，風景荒涼，一天沒有幾班火車會到站，只停區間車不停快車，甚至還有已經荒廢的車站。往往旅客來到這裡，等火車走了，人煙變得稀少，可以自己獨處或兩人漫步，遠離塵世喧囂，心靈鬧中取靜，擁抱孤獨的風景，尋找心中感動的人間祕境。至於尋訪祕境的重點是看山、看海、觀雲，或是踏青，則是因人而異。

③ JR 西日本的布原站,只有一個簡易搭建的月台。

④ 抵達布原站的日本電車,後方盡是的朦朧的山谷之美。

⑤ JR 九州的肥薩線,海路站,旁邊是球磨川鐵道的風光,是九州非常有名的祕境車站。

台灣鐵道的祕境車站其實不少,阿里山森林鐵路位於高海拔地區,小站就很少有列車停靠,終年被大霧深鎖,不勝浪漫,例如人煙稀少的梨園寮站、多林站、第一分道站,都算是祕境車站。而南迴線的枋山車站,昔日一天單向只有兩班普通車停靠,車站外即是台灣海峽的壯闊視野。緊鄰基隆河谷的三貂嶺車站,只有搭乘鐵路才能到,這裡有著台鐵最窄小的第二月台,月台有終年未乾的積水,山壁有終年常綠的青苔,三貂嶺隧道外獨特的祕境,絕非浪得虛名。

祕境車站的共同特徵都是人煙稀少的小站，有著孤獨的浪漫。而且祕境車站的外面，往往有獨特風景主題，如擁抱山林或大海，讓車站之旅更有洗滌心靈的療效。日本較有名的祕境車站，如 JR 四國的下灘站，孤單的月台，面對著瀨戶內海；JR 東日本的下久野車站，置身於山林田野之中；JR 西日本的布原站，坐落在山谷；JR 九州的肥薩線海路站，旁邊就是球磨川的山色風光。如果祕境站加上雪景，JR 北海道的祕境車站就更多了。例如北劍淵車站與花咲車站，連站體都沒有，更沒有廁所，只用一個報廢的守車搭建而成的車站，真的是極簡到不行！還有四川的芭石鐵路，中國最後的蒸汽機車桃花源，終點的黃村井車站是沒落的煤礦小鎮，也算是祕境車站。

日本祕境車站的主題足以成書，讓旅人享受一個人的火車旅行，當然，如果祕境車站成名了，許多人慕名而來，人多了，就不算是祕境了。

❶ JR 北海道的北劍淵車站，除了一個空蕩的月台，其他什麼都沒有。

❷ JR 北海道的花咲車站，是用一個報廢的守車搭建的車站。

❸ 花咲車站的月台，四下無人，只有積雪。

④ 中國的四川芭石鐵路，號稱中國鐵路最後的蒸汽機車桃花源，黃村井車站。

⑤ 沒落的煤礦小鎮，杳無人煙的黃村井車站。

高速鐵路的火車站

　　何謂高速鐵路？高速鐵路的英文是 High Speed Rail，依照 UIC 的定義，是指「營運速率」可達每小時 200 公里以上之鐵路系統。

　　由於高速鐵路的原創始國為日本，所以在原始定義上會有所謂的「日本新幹線觀點」。除了上述的速度規範，共同特徵尚有專用路權、採用 1435mm 標準軌、列車裝有 ATC 系統等共四項指標。1964 年，日本新幹線為全球第一條營運速率超過時速 200 公里的鐵路，故以時速 200 公里為分界點；而新幹線採用封閉式路線，專用路權無平交道，以及 ATC 系統來保障行車安全，也的確創造了四十年零肇事的優良口碑；同時由於日本的舊有路線（在來線）為 1067mm 窄軌，所以採用 1435mm 標準軌的高速鐵路，得以另建高速的新幹線月台。這也使得日本高速鐵路的火車站，會同時出現有新幹線在高架月台，與傳統的在來線在地面月台。這日本兩種鐵路火車，不會出現在同一月台，這正是新幹線觀點的火車站，發展出自己獨特的車站風格。

　　相較於日本新幹線，歐洲高鐵的發展亦有獨特性。因為歐洲多數現有路線，與高速鐵路同為標準軌 1435mm，高鐵列車與其他傳統鐵路的火車可以互駛，所以高鐵列車可行駛高速新線，也可行駛現有路線，延伸其服務路網。因此歐洲高

❶ 從東京的丸之內大樓俯瞰，「辰野風」紅磚建築的東京車站，是新幹線的火車站。
❷ 一樣從丸之內大樓的角度，俯瞰東京車站的東海道新幹線的月台，N700 系在月台上待發。

③ 德國高鐵 ICE1，在首都柏林的中央車站月台。
④ 德國高鐵 ICE3，在法蘭克福的中央車站月台。
⑤ 中國高鐵 CRH3C 列車，駛出中國的上海虹橋車站。
⑥ 法國的 TGV-D 與 TGV-PSE，在法國巴黎的里昂車站月台。

鐵不用搭配高速新線去興建新車站，這也使得歐洲的高鐵站，可以沿用原本車站與月台。如此，就會有古典的車站建築與月台雨棚內停靠的卻是嶄新的高鐵列車，新舊時間相隔百年，共創出歷史的浪漫！像歐洲高速鐵路和一般鐵路共用的老火車站仍然八風吹不動，這樣共用車站概念，也影響後來的中國與美國等地的高鐵。

高速鐵路的火車站，其共同特徵都是重要的鐵路樞紐站。 以便旅客搭乘高鐵後可轉乘其他鐵路、捷運與公共運輸體系。包含台灣高鐵、台鐵及捷運，所謂的三鐵共構車站，本身就是樞紐。放眼全球的高鐵站，考慮到設施成本，高架化車站的比例占大多數，其次是地面車站，最少的是地下化車站。

全球高速鐵路的火車站版圖上，最為吸睛的都是古蹟建築車站，例如「辰野風」紅磚建築的東京車站、德國法蘭克福的中央車站、荷蘭的阿姆斯特丹中央車站、義大利米蘭的中央車站，和西班牙馬德里的阿托查車站等，參閱本書第五章。

日本 JR 九州的熊本車站，800 系新幹線正在高架橋上行駛，前方紅色火車是在來線電車。
新幹線在高架，在來線在地面，這是日本獨特的車站風格。

各種風景獨特的火車站
Featured

高速鐵路的火車站
High speed rail

❶ 日本 JR 九州的熊本車站全景圖，後方是九州新幹線的高架月台。

❷ 西班牙高鐵 Talgo350 列車，在馬德里的阿托查車站月台。

❸ 義大利高鐵的 ETR500-2，在米蘭的中央車站月台。

ELEVATED RAILWAY TRANSIT
捷運的
高架火車站

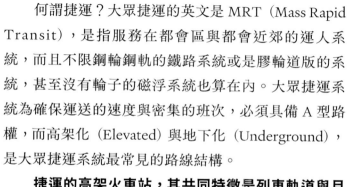

④ 有著鯨魚張口獨特造型的捷運車站，阿聯酋的杜拜捷運。

⑤ 阿聯酋的杜拜國際機場捷運站，是高運量的鐵路捷運系統。

何謂捷運？大眾捷運的英文是 MRT（Mass Rapid Transit），是指服務在都會區與都會近郊的運人系統，而且不限鋼輪鋼軌的鐵路系統或是膠輪道版的系統，甚至沒有輪子的磁浮系統也算在內。大眾捷運系統為確保運送的速度與密集的班次，必須具備 A 型路權，而高架化（Elevated）與地下化（Underground），是大眾捷運系統最常見的路線結構。

捷運的高架火車站，其共同特徵是列車軌道與月台都是高架的結構，沒有平交道。而一個歷史悠久的大都會，大眾捷運系統往往從地下到高架層層相疊，成為密密麻麻的都會交通立體結構，並分成高運量與中運量捷運系統兩種。

一般而言，所謂高運量捷運系統，系指每小時單方向運量在兩萬人次以上，服務於都市內或都市郊區間之捷運系統。有三種如下：

① RRT 鐵路捷運系統，捷運的高架與地下車站各約一半。
② RTRT 膠輪捷運系統，捷運的高架火車站居多。
③ RGR 區間鐵路系統，捷運的高架火車站居多。

所謂中運量捷運系統，系指每小時單方向運送五千至兩萬人次，服務於都市內或都市郊區間之捷運系統。包含以下五種：

① Monorail 單軌捷運系統，全部是捷運的高架火車站。
② LRRT 輕軌捷運系統，大部分是捷運的高架火車站。

③ ALRT 先進輕軌捷運系統，大部分是捷運的高架火車站。

④ AGT 膠輪導引捷運系統，大部分是捷運的高架火車站。

⑤ Maglev 磁浮捷運系統，全部是捷運的高架火車站。

不論是高運量或中運量捷運系統，捷運的高架火車站，並沒有一定的公式，但創造該都會區有特色的捷運車站建築風貌，這個目標是不變的，其造型設計與世界各國的都市文化有關，琳琅滿目，這也是捷運車站最有趣的地方。例如阿聯酋的杜拜捷運，捷運車站有著鯨魚張口的獨特造型；上海磁浮龍陽路站的夜景，宛若一艘太空船；雪梨的單軌電車，車站月台呈現管狀的結構，實在很有趣。

筆者看過最特別的捷運高架車站類型是「河上車站」，例如土耳其伊斯坦堡的 M2 線 Halic 車站，捷運站就直接蓋在橋上，月台上可以看到十分漂亮的河岸風景，旅客下車後必須走步道回到岸上，在莫斯科捷運也有類似的河上車站。但是在台灣，捷運通過河流，都是將捷運直接蓋在河底下，不會看到這種奇特的捷運車站呢！

❶ 管狀造型的捷運車站，上海磁浮的龍陽路站。
❷ 龍陽路站的夜景，宛若一艘太空船，上海磁浮軌道的盡頭在此結束。
❸ 重慶的單軌電車系統，屬於中運量「跨坐型」單軌捷運。
❹ 重慶的單軌電車車站，旁邊設有月台門，以免旅客掉落軌道區。

⑤ 澳大利亞雪梨的單軌電車,行經雪梨港灣的畫面,屬於中運量捷運系統。

⑥ 雪梨的單軌電車,Darling Harbour 車站月台呈現管狀的結構。

⑦ 土耳其伊斯坦堡的 M2 線,Halic 車站就設在橋上,旅客下車後必須走步道回到岸上。

⑧ 從 Halic 車站的月台,可以看到十分漂亮的河岸風景與藍色清真寺。

SUBWAY/UNDERGROUND
捷運的地鐵火車站

① 美國洛杉磯的好萊塢地鐵站,月台上方呈現雙管的藝術空間。

② 莫斯科斯摩棱斯克地鐵站,正面四個梁柱有四個年代,訴說著俄國戰爭的歷史。

　　何謂地鐵?地鐵的英文是 Underground、Subway。談到這類型的火車站,一定會談到世界地鐵的鼻祖——倫敦地鐵(London Underground)的故事。倫敦地鐵緣起於 1863 年,在資本主義社會時代的英國,階級分明,地面上的馬車運輸,是留給富有的資產階級,而中產階級與勞工則被趕到地底下移動,用蒸汽火車去運送,開啟所謂的地下鐵時代。當時的封建社會,旅客還得忍受地下黑暗的空間,與蒸汽火車的煤煙,實在有違社會公平與人道精神。

③

④

⑤

③ 俄羅斯莫斯科的共青團地鐵站內,有著富麗堂皇的裝飾。

④ 莫斯科的基輔地鐵站,牆上有著俄國紅軍與鐵道兵團的壁畫。

⑤ 莫斯科共青團地鐵站的地鐵列車,月台維持古老的裝飾,並沒有設置月台門。

　　由於當時施工技術的限制,地下鐵並沒有開挖太深,只是構築地表以下較淺的坑道,用所謂的「明挖回填」法(Cut and Cover),因此倫敦地鐵只是地表淺淺的溝道(Surface Line)。為了減少施工成本,隧道內徑限制在 12 英尺(3.6 公尺)。這讓地下鐵感覺像根管子在地底下四通八達,所以英國倫敦的地鐵,又名倫敦管子(London Tube)。

　　1940 年,倫敦地鐵經歷了二戰德軍的轟炸,許多居民躲進地鐵內避難,地鐵站成為最好的防空壕,這影響了世界各國對於地鐵車站建築的概念,因為堅固的地鐵車站,無疑成為戰爭時絕佳的避難所。

　　雖然最初地鐵是資本主義社會下的產物,但很快的隨著都市人口增加、地面道路有限,為了紓解道路擁擠,構建都市內的鐵路運輸網路,的確有其必要性。繼 1863 年倫敦地鐵之後,1886 年美國紐約出現第一條都市高架鐵路,1892 年美國芝加哥也完成都市高架鐵路,尤其是 1896 年匈牙利首都布達佩斯,

出現歐洲大陸第一條地下鐵，同時也是全世界第一條真正「電氣化」的地下鐵，不再使用蒸汽火車，2002 年布達佩斯的地鐵 M1 線，成為 UNESCO 所登錄第一條的地下鐵「世界文化遺產」。

二十世紀的地鐵，如雨後春筍般在全世界各地展開，包含 1898 年的維也納、1900 年的巴黎、1904 年的雅典，乃至於東洋第一條地下鐵──1927 年的東京，後來

的倫敦除了 Underground 還有 Overground，鐵路似乎重見天日回到地表，大家普遍還是用「地鐵」這個名詞。地鐵儼然成為二十世紀後，全球大都會不可或缺的金字招牌，彷彿沒有地下鐵就不算是個先進城市。東京丸之內線的立體交叉，JR 中央線、總武線，

❶ 東京神田川御茶之水的立體交叉，JR 中央線、總武線，丸之內線三線的列車交會，是東京捷運系統的知名景點。

❷ 英國倫敦地鐵在 2013 年，為慶祝倫敦地下鐵通車 150 週年（1863 ～ 2013），地鐵站成為畫廊與公共藝術的空間。

地下鐵丸之內線的三線交會，成為東京捷運系統的最知名的景點。

捷運的地鐵火車站，其共同特徵是列車軌道與月台都是地下的結構。有些車站還蓋得非常的深，例如莫斯科與聖彼得堡地鐵，深達地下 6、70 公尺以上，有著深不見底的電梯，這就是地鐵車站成為戰爭時避難所的概念。二次大戰之後，世界各國的捷運地鐵站，開始吹起一股「公共藝術」的浪潮，利用地鐵的乘車空間，去創造不同的公共藝術呈現。這方面全世界表現最精采、公共藝術最豪華的，莫過於俄羅斯莫斯科的地鐵站，一站一特色，絕不重覆，成為全世界觀光客必去的景點。

相同的公共藝術觀念，也出現在瑞典斯德哥爾摩地鐵的隧道藝術、挪威奧斯陸地鐵，因為北歐國家冬季日照時間短，而且下雪十分寒冷，地鐵站成為市民生活交通很重要的公共空間，地鐵站的公共藝術成果，成為都市的榮耀。

總而言之，捷運的高架火車站，創造都會區地表特色的「**車站藝術建築**」，捷運的地鐵火車站，創造都會區地下特色的「**公共藝術空間**」。兩者相輔相成，特色絕不重覆，旅客在各國行旅其間，藉著城市交通認識都會的文化與特色，看捷運站也是知識旅遊的一大樂事。

❸ 挪威奧斯陸地鐵，用不同層次顏色光線的變化，讓地鐵的電扶梯空間，成為穿越時空的藝術體驗。
❹ 瑞典斯德哥爾摩地鐵的隧道藝術，中央公園站。
❺ 全世界最北的地鐵，芬蘭的赫爾辛基地鐵站。

LIGHT RAIL TRANSIT/LRT
輕軌電車的火車站

　　何謂輕軌電車？輕軌電車的英文是 Light Rail Transit, LRT，它還有一個古老的名稱 Tram。顧名思義，Tram 是指行走在市區馬路上的軌道車，而且從人力進化到獸力，用馬去牽引軌道車，也有百年的歷史。1881年，世界上第一條電力的軌道車在德國 Lichterfelde 營運，從此 Tram 變成了 Streetcar, Trolley，路面電車正式出現，馬路上不再只是馬車的天下。在 1970 年代中期以後，利用現有路面電車的架空線路網，以「輕軌運輸」的新面貌重新復興，並成為全球新一波都市公共運輸新潮流。

　　顧名思義，輕軌運輸 LRT 之所以稱為輕軌，係因輕軌運輸的運量較低，故名為輕軌系統。而人類早期 LRT 所使用的鋼軌重量，較傳統鐵路輕而得名，但是目前無論是 MRT 捷運或 LRT 輕軌，幾乎都使用相同重量的鋼軌。所以今日的「輕」代表車體輕、軸重較輕，也表示與傳統捷運相比運量較小。相較於成本較高的捷運系統，輕軌車站也變得很迷你，成為成本較低，經濟負擔較輕的選擇。

❶ 廣州海珠的有軌電車站，因為是超級電容電車，所以車站上面沒有電車線。輕軌電車的軌道，綠地令人耳目一新。

❷ 瀋陽的輕軌電車站，十分簡單，超級電容電車正進行充電。

❸ 捷克布爾諾 Brno LRT，輕軌電車站共用公車站，月台很低，也節省成本。

　　過去輕軌電車 LRT 一定要用架空線，如今科技發展，新式的輕軌電車已經將架空線消除，我們稱之為無架空線輕軌電車（Caternary Free LRV），車站上空沒有電車線，輕軌超級電容電車，會利用停站時間進行充電。2014 年 11 月正式亮相的高雄輕軌系統，具備快速充電的「超級電容」系統，稱為 ACR，後續台

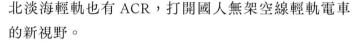

④ 斯洛伐克的布拉提斯拉瓦站，是輕軌電車的終點站，設計成一個環形車站，讓電車可以轉頭，所以電車站的月台也成了環形。

⑤ 羅馬尼亞的蒂米什瓦拉輕軌電車站，地面上用球體，作為用路人的空間區隔。

北淡海輕軌也有 ACR，打開國人無架空線輕軌電車的新視野。

輕軌電車的火車站，其共同特徵是列車與車站軌道都是在地面上。輕軌電車的車站多數都不大，版式軌道居多，使用傳統鐵路的路軌少，很多輕軌電車的軌道都是以綠草妝點大地，讓電車行駛在草地上，不但優雅也令人耳目一新。隨著現代科技發展，出現少數高架與地下化的輕軌，稱之為 LRRT 輕軌捷運，是屬於 A 型路權捷運系統，不在此處討論的範圍。

許多城市的輕軌系統，通常都是使用 B 型路權為主，也就有限度「消極」的車道分隔，電車速度會比較快；在某些路段使用 C 型路權，也就是走在馬路上，電車速度會比較慢。因此這類型的輕軌電車站，會共用一般的公車站，月台很低，也節省成本。此外，許多輕軌電車的終點站，還會設計成一個環形車站，讓電車可以轉頭繞上一圈，電車站的月台也因此成了環形呢！

① 匈牙利的布達佩斯輕軌電車，莫斯科廣場站，也是一個環形車站。

② 日本東京的都電荒川線王子站，輕軌電車站與在來線及新幹線相鄰。

③ 土耳其伊斯坦堡的輕軌電車，車站本身沒有任何建築物，後面清真寺就是最好的背景建築。

④ 美國聖地牙哥的 MTS 輕軌電車，車站就是月台的雨棚建築。

⑤ 澳大利亞的雪梨輕軌電車站，並沒有使用版式軌道，而是傳統鐵路的路軌，只是月台較低而已。

MONORAIL

單軌電車的
火車站

⑥ 美國拉斯維加斯的單軌電車，屬於「跨坐型」
　單軌系統。

⑦ 美國拉斯維加斯的單軌電車站。

何謂單軌電車？單軌電車的英文是 Monorail，這是屬於大眾捷運的一種型式。顧名思義，是指跨坐或懸掛在一條運行軌（軌道梁）上的車輛。1901 年，全球第一條實用的單軌電車營業路線，誕生於德國烏伯塔市的烏帕塔單軌電車（Wuppertal Schwebebahn），長 13.3 公里，該路線係利用該都市河道上方的空間構建捷運，既具觀光功能，也無土地的拆遷問題，一舉數得。但結構為鋼梁與鋼輪式，並非今日普遍之膠輪式，至今運行超過百年，完全無傷亡紀錄，是全球最安全的捷運系統。

基本上單軌電車的火車站，可以分成兩大類，跨坐型與懸掛型。懸掛型單軌電車，是在軌道梁上面，運行的轉向架下方懸掛車體，車體重心在軌道梁下部的方式，稱為懸掛型單軌列車（Suspended Type Monorail），世界最早的德國的烏伯塔市單軌電車，就屬於這一類。另一種跨坐型單軌電車，為跨在軌道

梁上運行，車體重心在軌道梁上部的方式，稱為跨坐型單軌電車（Straddle Type Monorail）。今日全球單軌電車，因考慮較佳爬坡力與減少噪音問題，絕大多數都採用膠輪結構，因此德國的烏伯塔單軌電車，其鋼輪式「懸掛型」單軌系統，成了世界唯一。

單軌電車的火車站，其共同特徵是列車與軌道都是「懸吊在空中」。 因此車站的造型也像是一個拉出單軌的盒子，宛如「空中之屋」，十分有趣。德國的烏伯塔單軌電車站，因蓋在河道的上方，成了世界奇觀。如今全球單軌電車具有代表性者，例如日本東京都至羽田空港的東京單軌電車、東京迪士尼單軌電車、多摩都市的單軌電車等。其中，中國的重慶軌道交通 2 號線與 3 號線、美國的拉斯維加斯電車、迪士尼單軌電車，都是屬於跨坐型的單軌電車，也是全球最多的類型。而德國的烏伯塔單軌電車、日本橫濱附近的湘南江之島線、千葉縣的單軌電車等，則為懸掛型單軌電車，則是比較稀有的種類。

❶ 日本立川多摩市的單軌電車，車站像是一個打開的火柴盒，太有創意了。
❷ 中國重慶單軌電車的曾家岩站。
❸ 曾家岩站的月台與「跨坐型」單軌電車。

❹ 德國的烏伯塔單軌電車站，車站就蓋在河道的上方，是全世界最早商用的單軌電車系統。

❺ 烏伯塔的單軌電車月台，屬於鋼輪式「懸掛型」單軌系統。

❻ 日本千葉的單軌電車月台，屬於膠輪式「懸掛型」單軌系統。

❼ 日本千葉的單軌電車，電車高掛在天空中，十分有趣。

❽ 單軌電車的終點站，就會看到軌道的終點結構，成為單軌電車站最特別的風景。

MOUNTAIN RAILWAY
登山鐵路的火車站

何謂登山鐵路？登山鐵路的英文是 Mountain Railway，顧名思義，是泛指鐵道路線「坡度」比較大，或有明顯爬升海拔高度落差者。一般而言，軌距越寬其難度越高，根據世界各國文獻，標準軌至少在 16‰ 以上；窄軌至少在 20‰ 以上；輕便鐵道至少在 30‰ 以上。因此這類鐵道可分成齒軌類型與非齒軌類型，齒軌類的坡度比較大，超過 90‰ 者必須採用齒軌，90‰ 以下為非齒軌類，也就是一般鐵路為黏著式（Adhesion）。總之，登山鐵道的重點在「路線坡度」。

在登山鐵道之外，另外有所謂的高山鐵道，又稱高原鐵道，泛指鐵道路線位於「海拔比較高」的地方，至少超過海拔 2000 公尺為標準。而高原鐵道的條件，未必具備大坡度，也未必有明顯的爬升海拔高度，因為重點在海拔高度，往往起訖點的都很高。例如祕魯的安地斯山鐵道和中國大陸的青藏鐵路等。總之，高山鐵道的重點在「海拔高度」。

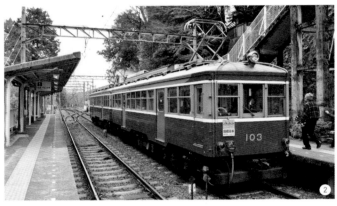

❶ 這是齒軌式鐵路的火車站，奧地利 Schnee-berg Bahn 鐵道的山頂車站。
❷ 這是登山鐵路之字形火車站，日本箱根登山鐵道的大平台站。
❸ 這是登山鐵路之字形火車站，日本木次線的出雲坂根站。
❹ 出雲坂根站的之字形鐵道，左右一高一低，一邊是上山，一邊是下山。

登山鐵路的火車站，其共同特徵是車站會位於大坡度與高海拔地區。鐵路具備大坡度，就有防止列車滑動的問題；鐵路在高海拔地區，常有大霧、降雪、列車打滑等問題，這些問題都困擾著鐵路工程師。因此為了配合登山鐵道特殊的環境地形，以克服較大的坡度、彎度等，在十九世紀登山鐵路的建造上，發展出五種技術工法：

① 馬蹄彎路線與 180 度大彎
　（Horseshoecurve and U-turn line）
② 廻圈型路線與螺旋型路線
　（Loop line and Spiral route）
③ 齒軌式登山鐵路 Rack railway（Cog rail）
④ 之字形折返路線 Switch back（Zig Zag）
⑤ 特殊設計的登山火車 Special engine（Locomotive）

❺ 這是齒軌式鐵路的火車站，瑞士布里恩茲羅特洪登山鐵道的交會站。
❻ 這是登山鐵路折返式火車站，阿里山鐵路的樟腦寮車站。

① 這是一個登山鐵路螺旋線的山頂車站,德國 HSB 布洛肯登山鐵道 Broken 車站,冬季時山頂大雪紛飛,伸手不見五指。

② 德國布洛肯登山鐵道,山腳下的起點,韋爾尼格羅德(Wernigerode)火車站。

③ 這是登山鐵路之字形火車站,阿里山鐵路的第二分道車站。

由於登山鐵道的車站類型很多,因此,後面三個單元會針對折返式、之字形、齒軌式三種類型詳細介紹。此外,對於山岳地區的運輸,如果路程很短,但是坡度很大,也可完全不使用登山鐵道技術,利用纜索鐵路的方式即可。後面也會有一個單元,介紹獨立的纜索鐵路系統。

④ 這是齒軌式鐵路的火車站,日本井川線鐵路的「ABT 市代車站」,原名為阿布杜白車站,以紀念設置 ABT 齒軌的白井昭先生。

ZIG ZAG STATION
折返式鐵路的
火車站

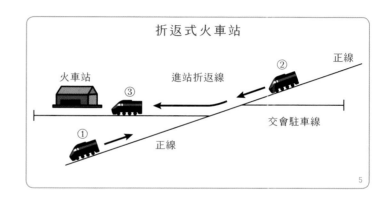

折返式火車站

火車站　　　　進站折返線　　　　　正線

③　　　　　　　　　　　②

　　　　　　　　　　　　　交會駐車線

①

正線

5

❺ 圖解折返式鐵路的火車站。

❻ 折返式鐵路的火車站，火車從左邊鐵道上山，從右邊折返進站，日本長野縣的姨捨站。

❼ 日本鐵道三大窗景之一，木造的姨捨站。

折返式鐵路的火車站，是屬於登山鐵路火車站的一種，英文稱為 zig zag station／reverse station。這種車站的設計緣由，就是不讓火車在有「坡度」（gradient）的正線上停止。所謂的正線，就是車站裡面的火車可以隨時到發的主要路線，如果火車停在有坡度的正線上，意外煞車失靈造成失速下滑，將危及後方的列車；此外，對於早年的蒸汽火車，因為牽引力較差，上坡起步是一大考驗與負擔，必須減少其牽引的客貨車廂。因此，這種火車站就從正線拉出一條獨立的進站路線，這條路線的坡度一定是平的，稱為折返線，火車必須倒退進站，這也就是所謂「折返式」火車站的由來。

比較知名者，例如阿里山鐵路的樟腦寮站、日本鐵道三大窗景之一的姨捨站，以及 JR 四國的屏久站等。然而，隨著時代的進步，現代火車的啟動已不像以往那樣費力，同時剎車力也比以前優良，折返式的火車站正慢慢失去功能，快車就直接通過不停靠，慢車有需要的話，即使停靠在有坡度的正線上，也沒有安全疑慮。不過正因為

折返式鐵路火車站，並不影響列車通行，所以這類型的火車站多數會被保留下來。

折返式鐵路的火車站，其共同特徵是會從車站拉出一條折返線，進站的火車必須從折返線倒退進站再出發。此外，折返式的火車站設計，也是一個很好的列車交會站，先到站的火車先進入折返線，以待避正線的通過列車，例如德國 HSB 布洛肯登山鐵道，就有折返式鐵路的交會站。換言之，在登山鐵路的沿線，即使當地沒有客貨需求必須設置車站，也會設置折返式的火車站，以作為列車交會的號誌站。

❶ 折返式鐵路的火車站，上山列車在右邊軌道，進站列車停在左邊軌道，樟腦寮站。
❷ 阿里山鐵路的樟腦寮站，可以看出兩條軌道的坡度有別，很明顯的高低落差。

❸ 日本 JR 四國的屏久站，是折返式鐵路的火車站。

❹ 火車進入折返式車站的站內路線，與左側正線相比較，有明顯的高低落差。

❺ 德國 HSB 布洛肯登山鐵道，折返式鐵路的交會站，火車要切往左邊的軌道，折返上山等候列車交會。

❻ 德國 HSB 布洛肯登山鐵道，兩列火車在折返式鐵路的交會的情形。

SWITCH BACK STATION
之字形鐵路的火車站

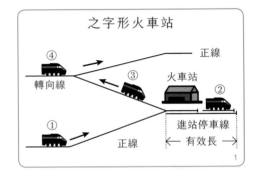

之字形火車站

之字形鐵路的火車站，亦是屬於登山鐵路火車站的一種，英文稱為 switch back station。這種車站的設計緣由，其實就是利用之字形鐵路本身的特色，火車必須一進一退，變換方向才能離開，因此火車來到這個場所，一定得停車再開，這個必然的 Stop，就是最好的設站場所。

之字形鐵路的火車站，其共同特徵是列車一定要變換方向才能開車，也就是停車倒退再開。比較知名者，例如日本 JR 九州鐵路肥薩線的大畑站、真幸站、JR 西日本木次線的出雲坂根站。此外，日本箱根登山鐵道，也有三個之字形鐵路車站。為了避免列車變換方向造成的困擾，很多國家會將之字形鐵路設計成一對，「負負得正」，讓列車可以維持正常方向前進，例如世界文化遺產，印度大吉嶺喜馬拉雅鐵路有六對，就是最好的實例。

一般人很容易混淆之字形火車站與折返式火車站，以為是同一類型。有些國家也會將折返式鐵路的火車站稱為 switch back station，其實兩者有很大的差異，其差異如右表所示。之字形鐵路的火車站，顯然問題比較多，造成運輸的瓶頸，因此許多登山鐵路在改建的過程中，會選擇拆除，如今保留下來的已經不多，成為重要的鐵道文化資產。

❶ 圖解之字形鐵路的火車站。

❷ 印度大吉嶺喜馬拉雅鐵路，有六對之字形鐵路，火車在之字形鐵路上停車再開。

• 之字形與折返式的火車站優缺比較表 •

	之字形鐵路的火車站	折返式鐵路的火車站
通過列車	必須停車，倒退再開	列車可以直接通過不停
進站列車	必須停車，倒退再開	必須停車，倒退進站再開
交會列車	可以交會列車	可以交會列車
變換方向	列車得具備雙向駕駛的能力	若是通過列車，則不受影響
編組限制	不能超過車站軌道的有效長	若是通過列車，則不受影響

❸ 日本 JR 九州鐵路的立野站，月台上展示該站
之字形鐵路的結構圖。

❹ 火車從之字形鐵路的立野站開出的畫面。

❺ 日本 JR 九州鐵路的肥薩線，右下方的真幸站，是之字形鐵路車站。

❻ 日本 JR 九州鐵路，肥薩線的大畑站，是之字形鐵路車站。

❼ 日本肥薩線的大畑站，火車在之字形鐵路停車再開，前方即是
坡度標。

日本肥薩線的真幸站，火車從左方的之字形鐵路下山。

❶ 阿里山鐵路的第二分道站,是之字形鐵路車站,也可以交會列車。

❷ 日本箱根登山鐵道的出山信號場,是之字形鐵路車站,火車即將上山。

❸ 阿里山鐵路的第一分道站,是之字形鐵路車站,並設有站房。

❹ 日本箱根登山鐵道,大平台站的之字形折返,可以看出左右鐵道的高低差。

RACK RAILWAY
齒軌式鐵路的
火車站

齒軌式鐵路的火車站，也是屬於登山鐵路火車站的一種。齒軌式鐵道的英文是 Rack Railway／Cog Railway，顧名思義，是指齒軌鐵路本身就是具有「齒輪卡榫」的裝置，因此齒軌式鐵路的火車站最大的優點，就是停車軌道可以設計在有坡度的鐵道上！就算火車停在坡度的路線上，也不怕因為「煞車失靈」而下滑，也不怕火車「上坡起步」有困難。相較於前面之字形與折返式的火車站，限制少很多，所以被許多登山鐵路大量使用。

齒軌式鐵路的火車站，其共同特徵是車站軌道會有「齒軌鐵路」咬合設計，讓列車得以停車。而車站本身需要很多條停車線，讓火車停靠、旅客上下車，也得透過複雜的齒軌轉轍器，分歧出停車路線，這對於鐵道營運者來說，就有它的技術難度。這類型的火車站在歐洲特別的多，例如瑞士 1871 年最早的登山鐵道 Rigi Bahn、瑞士少女峰 JB 的鐵路和英國 Snowdon Mountain Railway 等。

的確，齒軌鐵路的火車站可以設計在有坡度的鐵道上，也可以設計在沒有坡度的平面上，這就可以將車站的停留路線，分成為齒軌鐵路與一般的傳統鐵路兩種，後者就是給無動力的客貨車廂停靠，或是讓機關車長時間駐車停放。例如印度尼吉里登山鐵路（Nilgiri Mountain Railway）的火車站就可以看得到。

❺ 瑞士少女峰 WAB 的鐵路，溫根納爾普站（Wengernalp）是齒軌式鐵路的火車站。

❻ 瑞士 Rigi Bahn 鐵路的登山起點站，這裡是 1871 年瑞士最早的登山鐵道，也是齒軌式鐵路的火車站。

❼ 瑞士少女峰 JB 的鐵路，艾格山牆火車站（Eiger Letcher），這裡也是進入少女峰隧道前的管制站。

❶ 英國史諾頓登山鐵路（Snowdon Moutain Railway）的山頂站（summit）。

❷ 齒軌式鐵路的火車站，最大的優點就是停車軌道可以設計成有坡度的鐵道。英國史諾頓登山鐵路的克洛溫站（Clogwyn）。

❸ 奧地利 Schafberg Bahn 登山鐵路，山頂終點站海拔1734 公尺。

❹ 齒軌式鐵路的火車站，透過複雜的轉轍器分歧出停車路線。奧地利 Schafberg Bahn。

❺ 印度尼吉里登山鐵路（Nilgiri Mountain Railway）的火車站，設計在沒有坡度的平面上，注意左邊是齒軌鐵路，右邊則是一般的傳統鐵路。

❻ 日本井川線鐵路的「ABT 市代」車站。注意畫面左邊是齒軌鐵路，給火車到發使用，右邊則是一般的傳統鐵路，給 ED90 電力機關車停靠使用。

❼ 瑞士 BRB（Brienz Rothorn Bahn）登山鐵道，山頂終點站海拔 2244 公尺，後方背景是布里恩茲湖。

纜索鐵路的火車站

何謂纜索鐵路？纜索鐵路的英文是 Cable car，顧名思義，是指利用纜索弋引拉動的車廂，一般俗名為登山纜車。纜索鐵路又可分為兩種：地面纜索鐵路（Funicular），俗稱電纜車，和架空纜索（Ropeway），也就是俗稱的空中纜車。

地面纜索鐵路原文為 Funicular，即是利用纜索牽引列車，透過上方捲揚機的拉力，把一部列車往上拉，同時也將另一部列車往下放，以獲得拉力平衡。所以上山與下山列車必須同步啟動，中間設有口袋型交會站，以交會上下山列車。纜索鐵路的坡度可以很大，可達到 200‰ 以上，為其最大優點。除了觀光用途之外，如日本箱根地區登山鐵道亦可兼貨運，如森林伐木與礦產運輸。不過，地面纜索鐵路通常只有兩組車輛，一上一下在中間交會，運量不高，加上纜繩張力有限，路線長度以一公里以內為最佳，路線太長會安全顧慮，是種常見的非登山鐵路技術的鐵道系統。

架空纜索則是山岳地區的運輸工具。架空纜索完全不利用任何軌道，將纜車吊掛於纜繩上，透過兩端捲揚機的拉力，把一部纜車往上拉，同時也將另一部纜車往下放，以獲得拉力平衡。纜車兩端，必須設置捲揚機與纜車站，架空纜索幾乎完全不受任何困難地形限制，除了中間必須設置鐵塔中繼站之外，其餘不需任何地表的建設，是人類地面運輸系統中，較不破壞地表的運輸方式。

登山纜車被大量設置於山岳觀光地區和滑雪場等地，以提供快速運輸與美好視野，是現代觀光產業經

① 香港太平山的纜索鐵路，山頂的火車站。
② 太平山的纜索鐵路，可以明顯看到纜索滑輪。

常選擇的運送方式。例如加拿大班夫國家公園的硫磺山登山纜車，以及日本箱根桃源台前的登山纜車等。台北的貓空纜車與九族文化村的日月潭纜車，都頗受好評。

❸ 日本箱根登山鐵道的纜索鐵路，可以明顯的看到鐵道中央的纜索與滑輪。

❹ 日本箱根登山鐵道的纜索鐵路，中間交會的火車站，左線火車正在上山，右線火車正在下山。這是從左線火車前方所看到的畫面。

纜索鐵路的火車站，其共同特徵是起訖兩端車站本身就是機房，不論是那一種纜索鐵路，車站都要設置捲揚機，以控制纜索的收放，產生動能與位能的交換，旅客也可以清楚看到其作業方式。如果是在戶外的纜索鐵路，旅客可以看到車站下方鐵道中央的纜索與滑輪。如果是在隧道中運行的纜索鐵路，旅客可以明顯看到車站上方有兩條集電軌條，而纜索的奧祕，就藏在鐵路中央的溝槽中。

❺ 匈牙利布達佩斯，漁夫堡的登山纜車車站。

❻ 土耳其伊斯坦堡的地鐵，是一個纜索鐵路車站。

❼ 纜索鐵路的火車在隧道中，上方是兩條集電軌條，纜索就藏在鐵路的溝槽中。

漁夫堡的登山纜車，可以看見一台車上山，另一台車在下山。

各種風景獨特的火車站
Featured

纜索鐵路的火車站
Funicular

FOREST RAILWAY

森林鐵路的
火車站

❶ 羅馬尼亞上維塞烏森林鐵道的起點，CFF
　Viseu de Sus 火車站的建築。
❷ 羅馬尼亞 Viseu de Sus 火車站，Mocanita 的
　蒸汽火車即將出發。
❸ 歐洲最後的森林鐵道，羅馬尼亞森林鐵道的
　終點，CFF Paltin 火車站。

何謂森林鐵路？森林鐵路的英文是 Forest Rail-way，顧名思義，是指為開採森林或林產資源，發展加工的木材產業而舖設的產業鐵道，或是將沿途的森林景觀作為主要觀光資源，都算是森林鐵路。例如今日的阿里山雖已不伐木，但阿里山森林鐵路沿途的海拔垂直落差大，山林呈現三種林相，因此這樣特別的森林景觀仍是觀光重點之一，至今仍然是全球知名的森林鐵道。

世界上不少森林鐵路，是 762mm 的窄軌產業鐵道，例如日本的木曾森林鐵道，和澳洲的普芬比利鐵道（Puffing Billy Railway）即是。不過歐洲地區是 760mm 的窄軌鐵道，例如羅馬尼亞上維塞烏的森林鐵道（CFF Viseu de Sus），和斯洛伐克的切尼赫榮森林鐵路（Cierny Hron Forest Railway）。不過，這些森林鐵路在開採森林的角色結束後，都陸續轉型成觀光用途。因此今日已不易再見到原本伐木的產業鐵道。

森林鐵路的火車站，其共同特徵是車站的周邊建築會「就地取材」。森林鐵路常見有木造車站、木造月台、木造車廂、木造車庫、木造橋梁和隧道。從車站到車廂，皆洋溢著木業的芬芳。例如阿里山森林鐵路的對高岳站，木造車廂與木造月台雨棚，顏色相得益彰；奮起湖站有木造車庫，水山站也有木造月台與木造橋梁。

如果森林鐵路的鋪設是為了開發高山地區的森林，這類鐵路多半也具有登山鐵道的特質，例如大坡度、之字形路線與螺旋路線，有很多也是登山鐵路，

❶ 斯洛伐克的切尼赫榮森林鐵路 Vydrovo 車站。
❷ 澳大利亞普芬比利鐵道的起點，Belgrave 火車站的建築。
❸ 普芬比利森林鐵道的火車，在 Belgrave 車站的月台即將出發。

④ 阿里山森林鐵路的第二分道站，登山火車停
在之字形鐵路的下山路段。

⑤ 登山蒸汽火車停在木造月台前，阿里山森林
鐵路的水山站。

⑥ 阿里山森林鐵路的對高岳站，木造車廂與木
造月台雨棚，顏色相得益彰。

例如台灣的阿里山森林鐵路中 Shay 蒸汽機車行走在
之字形鐵路的路段。又例如美國的卡斯風景鐵路
（Cass Scenic Railroad），這類美國森林鐵道最大的特
色，在於會使用一些非常特殊的蒸汽機車，以 Shay、
Climax、Heisler 這三種蒸汽機車為主要代表，是全
球知名的產業鐵道古蹟。像這樣的森林鐵路火車站，
都會帶有登山鐵道的一些特質。

INDUSTRIAL RAILWAY
產業鐵路的火車站

❶ 羅馬尼亞的森林鐵道火車站,因為是以運輸木材為主,沒有設置月台。
❷ 澳大利亞普芬比利森林鐵道火車站,Menzies Creek,車站宛若民宅。

　　何謂產業鐵路?產業鐵道英文是 Industrial Railway,也就是以工業生產輸送為「主要目的」的鐵路。例如農林產業的林業、糖業、鹽業,工業中的礦產,原物料,以及鋪設電力水利設施等。一般來說,產業鐵道泛指軌距在 1000mm 或 914mm 以下,多數因產業需求而鋪設,徵收的用地少、軌條較輕,成本較低,淨空較小施工容易,是以概括這一切為目標的經濟型鐵道,以便於產業投資與成本回收,這類型在日本稱之為輕便鐵道。

❸ 澳大利亞的森林鐵道，觀光的蒸汽火車停靠 Menzies Creek，月台的高度很低。

❹ 澳大利亞普芬比利森林鐵道的石碴（鋪在鐵道上的碎石）運送車。

產業鐵路在台灣，最廣泛最有名的就是 2 英尺 6 英寸，762mm 軌距的鐵道。1906 年 7 月 9 日，阿里山鐵路正式開工，開始於嘉義到北門間鋪設鐵道，1907 年 2 月完工通車，這是台灣最早有 762mm 輕便鐵道蒸汽機車運行的紀錄。台灣的產業鐵路經歷百年歷史，糖鐵、林鐵、鹽鐵是台灣的三大產業用鐵道，加上極少數的工鐵與礦鐵，以及窄軌的舊東線使用 762mm 軌距，「糖林鹽工礦東」，成為台灣六大產業鐵路體系，至今還可以看到。後來許多產業鐵路逐漸沒落，世界各國許多產業鐵路轉型為觀光鐵道，台灣也不例外。

產業鐵路的火車站，其共同特徵是多數沒有很正式的車站。沒有很大的站體建築，也少有客運的月

❶ 日本黑部峽谷鐵道的「貓又」車站，火車通過這座小橋，就進入發電廠內，小橋流水的溪邊小站。

❷ 日本黑部峽谷鐵道的「新柳河原發電所」車站，以城堡造型的車站聞名，十分另類的火車站。

❸ 日本黑部峽谷鐵道的發電機運送車,是難得一見的低底盤大物車。

❹ 森林鐵道的原木運送車,可以依照不同的木材長度調整車輛長度。

❺ 製糖期的台糖小火車,後面運載滿滿的甘蔗,豐收的進站。

❻ 台灣的台糖鐵路,12番裝配場的車站,也就是甘蔗裝配場,沒有設置月台。

台,火車站就是一個 stop,就連一個 station 的規模都稱不上。因為產業鐵路本身是以貨運及停靠貨運車輛為主,客運只是兼營的副業,即便車站有月台,也是簡易低矮的月台。例如台糖虎尾糖廠鐵路中,甘蔗裝配場的車站就沒有設置月台。

不過,後來許多產業鐵路轉型為觀光鐵道,才開始有客運的需求,因此車站逐步改建。例如日本黑部峽谷鐵道,澳大利亞普芬比利森林鐵道,即便如此,台灣的台糖鐵路、林業鐵路,這些火車站依然保有產業鐵路的原始風貌。而日本黑部峽谷鐵道的「新柳河原發電所」車站,則以城堡造型的車站聞名,其實這個車站本身,就是一座發電廠呢!

第 4 章

精選全球十六個

SPECTACULAR

趣味話題的

火車站

俄羅斯的莫斯科雅羅斯拉夫斯基車站，是非常漂亮的一座建築物，世界最長的鐵道里程碑，西伯利亞鐵路 9298km 紀念碑，就在這個車站裡面。車站正面酷似戴帽子的貓頭鷹呢！

INTRODUTION

精選全球十六個
趣味話題的火車站

第一章我們認識火車站的基本元素（elements），第二章我們認識火車站的各種功能（functions），第三章我們認識火車站的各種特色和類型（Featured and classification），以上都是在建立對鐵道車站的基礎知識。

在第四章這個章節中，我們將以世界旅遊的角度，輕鬆逗趣的口吻，找到令人驚喜的（Spectacular）的主題，精選全球十六個具趣味話題的火車站。赫然發現，原來火車站是這麼有趣的建築物，可以上山下海，東西南北、無奇不有、讓大家大開眼界！

❶ 義大利的聖塔露西亞車站，ETR500 列車正穿越大海，站外只有船，沒有公車。

❷ 奧地利的阿亨湖火車站就位在湖邊，是與湖共舞的火車站。

③

站外只靠船接駁的火車站

義大利威尼斯
聖塔露西亞車站

❸ 義大利威尼斯的聖塔露西亞車站，站外只有船
隻停泊。水道方形的小房子上寫著 Ferrovia，
意指就是水上巴士站。

❹ 聖塔露西亞車站對面就是水道，水道旁邊有很
多旅館。

④

一般人對於火車站的聯想，就是車站外面有公
車，有各種陸運交通工具。但是，也許您很難想像，
世界上有一個車站，站外只有水道，沒有道路，因
此，站外有船卻沒有公車，大船就當公車用，而小船
就是計程車了。看到這樣完全打破常理的景象，真的
是太令人驚訝了！

這就是義大利威尼斯的聖塔露西亞車站，獨特的
水中國度，太酷了！但是，您不用擔心，站外雖然是
「水道」，但站內依然是「鐵道」，這
個火車站還是有著「貨真價實」的
鐵軌，火車從橋上開出去，從這裡
您可以搭乘高鐵到米蘭以及義大利
全國各地。

❶ 聖塔露西亞車站裡的候車大廳,擠滿來自世界各國的觀光客。

❷ 聖塔露西亞車站的月台上,停靠義大利國鐵的低底盤區間車。

❸ 聖塔露西亞車站的月台上,停靠義大利國鐵的 ETR500 型高速列車。

❹ 火車站廣場外面,停靠著水上計程車。

第 ④ 章

精選全球十六個趣味話題的火車站
Spectacular

站外只靠船接駁的火車站
——義大利威尼斯聖塔露西亞車站

峽灣之中的火車站
挪威佛洛姆車站
佛斯車站

❺ 峽灣之中的火車站，挪威佛洛姆車站。
❻ 佛洛姆車站旁邊的車站咖啡屋，使用退役的
　古老木造客車，古色古香。

　　峽灣是陸地上很深的水域，是冰河時期所遺留下來的地貌，連海上大型的郵輪都可以開進來，山有多高，水就有多深。

　　在地球上就屬挪威地區與紐西蘭南島，峽灣地形最為發達，這是一個適合輪船航行的地方，景色絕美不輸中國的長江三峽。

　　如果要找峽灣之中的火車站，那真的是少之又少，而挪威的佛洛姆車站，在奧蘭峽灣（Aurlandsvangen）旁，連接著佛洛姆登山鐵道；而挪威的佛斯車站，連接著卑爾根鐵路，外面就是佛斯湖，望出去山光水色，水面平波如鏡，美得如詩如畫！

❶ 佛洛姆車站軌道的盡頭，就是奧蘭峽灣的港口，後方大型的郵輪在此接駁遊客。

❷ 佛斯車站的月台，停靠挪威國鐵 NSB Class 73 Signatur 列車。

第 ④ 章　精選全球十六個趣味話題的火車站
Spectacular

峽灣之中的火車站
——挪威佛洛姆車站、佛斯車站

❸ 佛洛姆車站緊鄰著奧蘭峽灣,這是峽灣中的
　渡輪。

❹ 佛斯車站的建築,置身於峽灣的山谷中,上
　方煙雲飄渺。

❺ 佛斯車站的旁邊,城堡一般的旅館,面對著
　佛斯湖,讓住宿的旅客看到心醉!

❻ 佛斯車站的外面,就是佛斯湖,景色絕美!

湖中孤島的火車站

日本井川線 奧大井湖上站

❶ 奧大井湖上站後面的鐵橋，旁邊有欄杆圍著的步道系統，旅客可以走到上方觀景台。

　　在日本，有一個遺世獨立的火車站位於湖中孤島，那就是日本井川線的奧大井湖上站。其站體是一間無人看守的小木屋，前後兩端，都是矗立在湖面上的鐵橋，旅客得走鐵橋才能離開孤島。

　　如果是在陽光普照的日子，湖面平波如鏡，您可以沿著欄杆圍著的步道系統，走到上方觀景台，拍下令人驚艷的絕美圖片；如果是在陰雨綿綿的日子，湖上大霧淒迷，這個車站與你，就像被一起鎖在孤島上一般，走在鐵橋上猶如置身雲端，根本無法看到對面的世界，令人望而卻步。直到被下一班火車拯救前，你只能坐在月台上，默默等候遠方火車的聲音響起，從鐵橋的另外一端傳過來。

　　不要懷疑，多少人不遠千里而來到此尋幽，為的就是這神祕的奧大井湖上站。

❷ 整個湖邊步道系統地圖，從奧大井湖上站，連接山腰上的觀景台。

❸ 從山腰上的觀景台看見湖中孤島的火車站，奧大井湖上站。

❹ 奧大井湖上站，其實是一間森林小木屋。

❺ 奧大井湖上站的月台標誌。

精選全球十六個趣味話題的火車站
Spectacular

湖中孤島的火車站
——日本井川線奧大井湖上站

日本井川線的火車，行駛到奧大井湖上站前面的鐵橋，就是這樣一張的圖片，轟動了全日本。

❶ 俄羅斯貝加爾湖畔的貝加爾火車站，是一間木造的建築。

❷ 火車站前面跳著民族舞蹈的舞者，與遊客同歡。

❸ 從貝加爾湖上的遊船角度，看貝加爾火車站的 L 型蒸汽火車（Паровоз Л）。

❹ 貝加爾火車站的 L 型蒸汽火車，壯觀的是前方的火車，壯麗的是後方的湖景，似海般的一望無際。

❺ 停靠貝加爾火車站的觀光列車。

⑥

湖深似海的火車站

俄羅斯貝加爾湖
貝加爾車站

⑥ 從山腰上的西伯利亞鐵路,遠眺貝加爾湖畔的 Kultuk 車站。

⑦ Kultuk 車站旁,貝加爾湖環湖鐵路紀念碑。

⑦

　　想想,一座湖能有多大?在台灣我們能想像最大的湖,無非是日月潭,但俄羅斯的貝加爾湖,光是長度就有 636 公里,約是台灣兩倍的長度,其面積之大已超出想像之外。

　　當您來到貝加爾火車站,壯觀的是前方的火車,壯麗的是後方的湖景,映入眼簾的湖景,讓您感覺那不是湖而是海,因為一望無垠。

　　這是一個會讓全球觀光客搭西伯利亞鐵路前來朝聖的地方,這個湖冬季時很冷,結冰很厚,俄羅斯 1904 年日俄戰爭爆發初期,還一度將西伯利亞鐵路的鐵軌鋪在湖面上,讓火車開過去。隔年夏天,才完成繞湖半圈的西伯利亞鐵路,因為湖真的太狹長了!

　　這不是傳說,是貝加爾火車站附設博物館記錄的當時軼事,在美麗的 Kultuk 火車站旁,還有一個貝加爾湖環湖鐵路紀念碑。貝加爾火車站、Kultuk 火車站,都是緊臨湖畔,湖深似海的火車站。

瑞士聖莫里茲站
伯連納白湖站
奧地利阿亨湖站

　　湖，有一種魅力，湛藍的湖水，可以讓人平靜，不透明的湖，令人深思，如果火車站就設在湖的旁邊，您下車後就可以立即投入湖的環抱中，乘船離去；亦或您搭船前來時，遠遠的就可以眺望到火車正在港口旁邊默默的守候迎接。

　　全世界與湖共舞火車站相當的多，尤其是湖光山色的瑞士，海拔 1775 公尺的瑞士聖莫里茲站，旁邊就是湛藍的聖莫里茲湖；海拔 2253 公尺的瑞士 Ospizio Bernina，旁邊就是伯連納白湖（Lago Bianco）；而瑞士的伯連納列車，行駛至藍湖站（Miralago），湖水正藍猶如上天不慎打翻的墨水。

　　奧地利的阿亨湖站的旁邊，就是阿亨湖（Achensee），還連接著湖濱遊船。英國的 Lakeside Haverthwaite Railway，湖濱車站訴說著世界知名圖畫角色彼得兔的故事。來到這些車站，是旅程中很浪漫的事，這也是火車站與湖共舞的獨特魅力。

❶ 海拔 1775 公尺的瑞士聖莫里茲站。

❷ 瑞士的伯連納列車，來到藍湖站。

❸ 瑞士的伯連納列車，來到海拔最高點 Ospizio Bernina，2253m，一旁伯連納白湖，呈現玉米濃湯一般的奶油色。

❹ 瑞士的伯連納列車，沿著高山湖泊行駛，伯連納白湖美麗的景象，令人難忘！

⑤ 聖莫里茲車站旁，就是聖莫里茲湖。

⑥ 瑞士的伯連納列車，沿著藍湖行駛，可見湖水正藍如墨。

❶ 奧地利阿亨湖鐵路的蒸汽火車。

❷ 奧地利的阿亨湖站的旁邊，就是阿亨湖。

❸ 英國的 Lakeside Haverthwaite Railway，雨中的湖濱車站。

❹ 蒸汽火車抵達湖濱車站，由遊船的角度看湖濱車站。

與海相鄰的火車站

台灣多良站
日本米山站
韓國正東津站

❺ 與大海相鄰的火車站，台灣鐵路的多良站。
❻ 與大海相鄰的火車站，台灣鐵路的八斗子站。

海，對台灣人熟悉再不過，但對於世界上許多國家的人民而言卻是奢侈的景色，尤其是內陸國家，想一親芳澤是件不容易的事。所以當鐵路靠近海，海景鐵路就是一種美景，如法國的蔚藍海岸鐵路。

而台灣四面環海，鐵道環島，因此海景鐵路從來不缺，是天賜之景。於是與大海相鄰的火車站，台灣鐵路南有台東多良站，北有基隆八斗子站，就這樣成名。其實不只這些，還有宜蘭的大里站、石城站、外澳站及龜山站等，不可計數。

全世界與海相鄰火車站相當的多，尤其是日本與韓國，正東津站號稱是韓國離海最近的火車站，月台旁邊即是沙灘，這裡有所謂的海洋列車，就是以正東津海岸的觀光為主題。而 JR 西日本米山站的月台，就近距離對著遼闊的日本海，JR 四國下灘站的月台，對著遼闊的瀨戶內海，遠近馳名。

日本最為特別的，無非是冬季限定，以「流冰」知名的北海道北濱站，北濱站沒有站房，卻以觀景台聞名天下，旅客可以看到鄂霍次克海的流冰。

① 與大海相鄰的火車站，韓國鐵路的正
東津站。

② 正東津站月台上的觀光列車。

③ 米山站的月台，對著遼闊的日本海。

④ 日本 JR 北海道的北濱站，沒有站房，
卻以這個觀景台聞名天下。

❺ 與大海相鄰的火車站，JR 西日本鐵路的米山站。

❻ 與大海相鄰的火車站，以北海道流冰知名的北濱站。

因貓狗聞名的車站

日本小玉的貴志站
八公的澀谷站

　　貓狗始終是人類最好的朋友，牠們雖然不會說話，卻懂得你的心，那一些因貓狗聞名的火車站，背後都有一段感人的故事。

　　例如日本 JR 山手線的澀谷站，就是因狗而聞名的車站。一隻秋田犬，每天都陪伴主人去火車站上下班，後來主人不幸過世了，狗狗遲遲等不到歸來的主人，最後餓死在火車站門口，如今澀谷站的八公口，放著忠犬八公的銅像，代表永恆的忠心。

　　日本和歌山線的貴志站，因為一隻三花貓小玉當了貓咪站長，讓這個原來門可羅雀的小站，頓時之間而人氣爆紅，免於廢站的命運。從此和歌山線開行小玉電車，車站屋頂還做出貓咪的造型。真的是不折不扣的招財貓，也吹起日本貓咪站長的風潮呢！

❶ 因小玉貓咪聞名的車站，日本和歌山線的貴志站，車站還做出貓咪耳朵的屋頂造型。

❷ 日本和歌山線的小玉電車,也就是貓電車,
　停在貴志站的月台。
❸ 旅客在日本和歌山線的貴志站,與小玉電車
　的立牌拍照。
❹ 澀谷站的八公口,還有忠犬八公的公車站
　牌,可愛的狗狗公車。
❺ 澀谷站的八公口,放著忠犬八公的銅像。

因電影聞名的車站

英國倫敦王十字站
格蘭芬蘭站
法國巴黎里昂車站

① 英國格蘭芬蘭火車站位於格蘭芬蘭石拱橋旁。
② 英國倫敦王十字站（King X），是因電影《哈利波特》聞名的車站。
③ 倫敦王十字站的月台，9又4分之3月台的位置是在畫面左邊。

　　在電影的世界裡，火車與鐵道，一直是很重要的浪漫元素，多少悲歡離合，相逢與別離的故事，都在火車站與月台上發生。因此，因電影聞名的火車站，真的多到不可計數。

　　法國巴黎里昂車站（Gare de Lyon），豆豆先生在此地搭 TGV，是因電影《豆豆假期》（Mr. Bean's Holiday）而聞名的車站；英國倫敦王十字站（King X），穿越9又4分之3月台到魔法世界，蒸汽火車行經格蘭芬蘭石拱橋，是因電影《哈利波特》（Harry Potter）聞名的車站；印度電影的《平民百萬富翁》，最後小女孩是在孟買火車站得救。

　　日本電影《鐵道員》、《佐賀的阿嬤》、電視劇《鈴蘭》等，都有火車站當舞台，都有蒸汽火車，鋪陳整個感人故事的背景。

　　也因為這樣的電影故事火車站，聚集了世界各地的遊客，成了觀光題材。電影成為鐵道觀光最好的行銷媒體。

④ 倫敦王十字站的候車大廳，因為倫敦奧運，妝點出精采的現代藝術。

⑤ 王十字站特別布置一個 9 又 4 分之 3 月台，是給觀光客拍照的地方，就在紀念品店的旁邊。

⑥ 巴黎里昂車站的 TGV，自巴黎到馬賽再到坎城，這段高鐵的旅程成了《豆豆假期》的故事背景。

⑦ 法國巴黎里昂車站，是因電影《豆豆假期》聞名的車站。

⑧ 巴黎里昂車站的終端式月台，也是豆豆先生上車的地方。

日本 JR 北海道塩狩站 幾寅站 JR 東日本宮守站

　　文學，是人類靈魂的演繹，是生命故事的彩筆，世界上有多少文學家，用火車的題材創作感人的故事。

　　日本文學家三浦綾子的名著《塩狩峠》，訴說一位鐵道員永野信夫，為了避免剎車失控的列車下滑，勇於犧牲的故事。後來作者的住處，自旭川自宅遷移至塩狩站，最後成為紀念館。塩狩站是文學原著中的故事發生所在地，今日也長伴作者左右。

　　日本 JR 北海道的幾寅站，是淺田次郎《鐵道員》原作中的幌舞站，該部作品獲得 1997 年直木獎。幌舞站外特別陳列的柴油客車，刻畫著日本電影《鐵道員》的感人故事，一個盡忠職守的站長，一直堅持到最後一刻，最後倒在雪地的月台上。後來飾演鐵道員的演員高倉健過世了，這個車站成了他的電影資料紀念館。

　　宮守站外的眼鏡橋，是宮澤賢治的《銀河鐵道之夜》著作中火車飛天的場景。這條鐵路為釜石線，為紀念宮澤賢治，別名為「銀河鐵道」。著作中，原來銀河鐵道列車會帶著亡者的靈魂回到天上，意味著哀傷。JR 東日本每年還特別開行 SL 銀河鐵道列車，奔馳於釜石線呢！

❶ 日本 JR 北海道的塩狩站。是三浦綾子的名著《塩狩峠》中永野信夫犧牲的故事發生所在地。

❷ 塩狩站的站牌，被隆冬的大雪所吞沒，只露出一部分。

❸ 北海道的 kiha40 型柴油客車，抵達幾
寅站的月台，以代替原作中 kiha20 型
柴油客車。

❹ 三浦綾子的住處，自旭川自宅遷移至
此地，今日成為三浦綾子紀念館。

❺ 日本 JR 北海道的幾寅站，成為淺田次
郎《鐵道員》原作的幌舞站。該部作
品獲得 1997 年直木獎。

❻ 幌舞站外特別陳列的柴油客車，刻畫
著日本電影《鐵道員》的感人故事，
畫面中的人像為本書作者。

1. 日本 JR 東日本的宮守站。
2. 火車從拱橋飛向空中，成了當地觀光的布旗。
3. SL 銀河夢想號，通過宮守站外的眼鏡橋，讓銀河鐵道之夜夢想成真。
4. 宮守站外的眼鏡橋，是宮澤賢治的《銀河鐵道之夜》火車飛天的場景。

⑤

因鬧鬼出名的車站

日本 JR 西日本
米子車站
鬼太郎列車

⑤ 鬼太郎列車，停靠在 JR 西日本米子車站。

⑥ 米子車站的月台裝飾，這是一個到處有鬼太郎的車站。

⑦ 月台的上的小鬼。

鬼，是常人所害怕的，代表死後的未知世界，令人恐懼！

不過，世界上居然有一條鐵路，每個車站都有一個鬼的站名，開行的柴油火車上到處都是鬼：座椅、天花板、甚至廁所……不過，這些都不是真的鬼，而是由有「妖怪博士」之稱日本漫畫家水木茂創作的漫畫《鬼太郎》中的角色。這是 JR 西日本的境線，這台火車就是「鬼太郎列車」！

　　畫家水木茂是在鳥取縣境港市長大，因為紀念他而將 JR 境線改造，JR 西日本的米子站正是境線的起點，果然車站到處都是鬼，月台上羅列了各種日本鬼的地理百科，讓您看了頭皮發麻，原來世上竟有因鬧鬼而出名的車站。

❶ 米子車站的外面，有著火車與石拱橋。
❷ 米子車站的大型扇貝裝置藝術。
❸ JR 境線另外一款「鬼太郎列車」。

因鬧鬼出名的車站
——日本 JR 西日本米子車站，鬼太郎列車

鐵路最高點火車站

瑞士少女峰
德國楚格峰
法國白朗峰

④ 瑞士少女峰車站的外觀,鐵道在隧道內,置身於冰天雪地之中。

⑤ 瑞士少女峰車站的月台,歐洲鐵路最高點,海拔3454公尺。月台上有著各國的歡迎詞。

您可知道,該國鐵路海拔最高的火車站可以代表一個國家的國力,同時也是一種榮耀,所以世界各國的鐵路,都想要在這個數字上有所建樹。

世界海拔最高的火車站在中國,青藏鐵路唐古拉山火車站,海拔5068公尺;日本鐵道最高的火車站在小海線,野邊山車站,海拔1435.67公尺。北美洲海拔最高的火車站在美國,派克峰齒輪鐵路(Pikes Peak Cog Railway)派克峰山頂站,海拔4302公尺;南美洲海拔最高的火車站在祕魯,Peruvian Central Railway 的 Galera 葛雷拉車站,海拔4781公尺。

歐洲海拔最高的火車站在瑞士,少女峰山頂站,海拔3454公尺;法國鐵道最高的火車站在白朗峰登山鐵道,終點鷹巢站,海拔2386公尺;英國鐵道最高的火車站在史諾頓登山鐵道,終點山頂站,海拔1085公尺;德國鐵道最高的火車站在楚格峰,不勝枚舉。

至於台灣,很多人都忽略了,台灣最高的火車站,同時也是亞洲地區窄軌鐵路的最高點,是台灣的阿里山森林鐵路祝山站,海拔2451公尺。

第 ④ 章　精選全球十六個趣味話題的火車站
Spectacular

鐵路最高點火車站
——瑞士少女峰，德國楚格峰，法國白朗峰

瑞士的馬特洪峰鐵路 Gornergrat 車站，
海拔 3089 公尺，雖然高度比少女峰略低一點，
因為少女峰車站不是露天的火車站，
所以此處是歐洲露天鐵道的最高點車站。

❶ 法國白朗峰登山鐵道的終點，旅客可以沿著步道，觀賞白朗峰冰河。

❷ 白朗峰登山鐵道 TMB 的最高點，鷹巢站海拔 2386 公尺，車站與月台都很簡陋。

❸ 英國海拔最高的鐵道，Snowdon Moutain Railway 的登山小火車，即將抵達山頂站。

❹ 英國鐵道最高點 Snowdon Moutain Railway，終點山頂站，海拔 1085 公尺。

❺ 日本海拔最高的鐵道，小海線的野邊山車站，海拔 1435.67 公尺。

坡度最陡的火車站

瑞士皮拉特斯山阿爾卑那赫施塔德

⑥ 瑞士皮拉特斯山鐵路，世界最陡的登山鐵路起點，阿爾卑那赫施塔德火車站。

⑦ 皮拉特斯山鐵路，吉祥物就是一條龍。

⑧ 瑞士皮拉特斯山鐵道的車站，月台都變成樓梯了。

　　想在登山鐵道的世界裡爭第一，除了比高度，還要比坡度。世界坡度最陡的火車站，就是瑞士皮拉特斯山的阿爾卑那赫施塔德站（Alpnachstad），這條瑞士皮拉特斯山鐵路（Pilatus Bahn），是一條舉世聞名與創造多項世界紀錄的登山鐵路，有以下三項：

① 最大坡度為 480‰，為世界坡度最陡峭的登山鐵路。

② 短短僅 4.8 公里便爬升 1696 公尺，鐵路平均坡度 420‰，是世界第一。

③ 火車行駛 30 分鐘爬升 1696 公尺，也是世界爬升最快速的齒軌登山鐵路。

　　由於坡度太大，軌道固定以 RC 代替石碴，火車站的月台設計成樓梯狀，火車內部座椅，因為坡度太大變成了樓梯，連電車的構造都變成了斜形。火車自海拔 436 公尺的阿爾卑那赫施塔德站開始登山，由於其坡度大、速度快，讓人誤以為是登山電梯，才一下子火車就穿入雲霄，雲海翻騰，千山萬壑盡在腳下，最後抵達海拔最高點 2132 公尺的 Pilatus Kulm 山頂車站。

　　火車遨遊在雲海之上，遠望少女峰，沿途風景令人驚嘆！

❶ 皮拉特斯山鐵路最大坡度為 480‰，為世界最陡的登山鐵路，用日文刻印在車廂
　 上，坡度的月台，也成為最好的 tan 三角函數坡度計。

❷ 阿爾卑那赫施塔德火車站，驚險的坡度，從後方軌道與大地的角度，就可以明顯感
　 受到。

❸ 搭乘皮拉特斯山鐵路的火車所看到的風景，讓人誤以為是登山電梯。

有熱帶雨林的車站
西班牙馬德里
阿托查車站

4 馬德里阿托查車站的建築，還有一個鐘塔。
5 西班牙馬德里阿托查車站，Talgo350 列車通過高架橋，密密麻麻的軌道，令人驚嘆。

　　火車站裡有市集，這個不稀奇，歐洲國家多數的大火車站都有市集，但火車站裡竟然有熱帶雨林，這就少有了吧！只有西班牙馬德里的阿托查車站才有這奇景。

　　這個車站是西班牙首都馬德里開往西部與南部的重要樞紐站，尤其是西班牙高鐵的列車，都是集中在這個車站到發，車站還設有瞭望台可以揮別親友，整個終端式的月台，一覽無遺，站外您會看到各式高鐵列車通過高架橋，密密麻麻的軌道，令人咋舌。

　　馬德里阿托查車站的外觀，長條形的磚造建築，撐起漂亮的鋼骨圓頂。車站裡有一座世界最大的熱帶雨林園區，彷彿走進植物園，另外還有市集與水池，水池裡有烏龜。這個火車站已經成為馬德里的觀光景點呢！

馬德里阿托查車站的圓頂裡面，有一座全世界有最大熱帶雨林的車站。

有熱帶雨林的車站
——西班牙馬德里　阿托查車站

❶ 馬德里阿托查車站的外觀，長條形的磚造建築，撐起漂亮的鋼骨圓頂。

❷ 車站裡面有一個市集和水池，水池裡面還有烏龜。

❸ 從可以揮別親友的瞭望台，看馬德里阿托查車站的月台，西班牙高鐵 class103 正停靠在月台上。

精選全球十六個趣味話題的火車站
Spectacular

有熱帶雨林的車站
——西班牙 馬德里 阿托查車站

藝術大廳的地鐵站

瑞典
斯德哥爾摩地鐵
俄羅斯
莫斯科地鐵

❹ 瑞典的斯德哥爾摩地鐵，T Central 中央車站，地鐵站裸露的岩石，創造出藝術大廳的地鐵站。

❺ 瑞典的斯德哥爾摩地鐵，國王花園站的地鐵電車。

❻ 斯德哥爾摩地鐵，國王花園站的地鐵藝術，以國王為主題。

地鐵火車站給人的印象是什麼？不見天日、幽暗、沮喪、犯罪溫床⋯⋯莫斯科與聖彼得堡地鐵，深達地下 6、70 公尺以上，有著深不見底的電梯，歷經第二次世界大戰的空襲轟炸，許多居民躲進地鐵站內避難，才知道原來挖得很深的地鐵站，其實非常適合當防空壕。

在二戰後，世界各國的地鐵站，開始吹起一股「公共藝術」的浪潮，利用地鐵的乘車空間，去創造與眾不同的公共藝術呈現。這方面表現最精采、最豪華的公共藝術，莫過於俄羅斯莫斯科的地鐵站。創造絕不重覆的一站一特色，藝術大廳的地鐵站，成為全世界觀光客必去的景點。相同的公共藝術觀念，也出現在瑞典斯德哥爾摩地鐵的隧道藝術。

今日瑞典的斯德哥爾摩地鐵和俄羅斯莫斯科地鐵，已成為觀光客必去的景點，地鐵站成為市民生活很重要的公共空間，公共藝術成果成為都市的榮耀。

❶ 斯德哥爾摩地鐵，Radhuset 法院站以鮭魚為主題的地鐵藝術。

❷ 俄羅斯莫斯科地鐵，電車停靠在勝利廣場站。

❸ 俄羅斯莫斯科地鐵，共青團地鐵站，宛如皇宮一般，金碧輝煌的地鐵藝術，令人驚嘆。

❹ 俄羅斯莫斯科地鐵，共青團地鐵站的月台，磁磚的牆壁與吊燈，仍然維持二戰之前的古典內裝。

❺ 俄羅斯莫斯科地鐵，基輔站的馬賽克壁畫，刻畫 1917 年共黨革命的故事。

⑥ 俄羅斯莫斯科地鐵，基輔站每個拱門之間，都有馬賽克壁畫，令人目不暇給。

⑦ 俄羅斯莫斯科地鐵，勝利廣場站的大型壁畫，揭示 1945 年二次大戰戰勝納粹的故事。

世界最長的里程碑

俄羅斯
莫斯科雅羅斯拉夫斯基車站
海參威車站

一般人很難想像，西伯利亞鐵路是一個怎樣的漫長旅程？從莫斯科到海參威，旅客搭一趟火車，竟然要七天之久？

這條膾炙人口的鐵路，也是目前全世界國際列車中里程最長的鐵路，橫跨西伯利亞的鐵路，英語全文為 Trans-Siberian Railway。在這條鐵路的東西兩端，各有一個車站，寫下它的兩個長度里程 9288 和 9298 公里：一個是東端的海參威火車站，符拉迪沃斯托克 (Vladivo-stok) 車站，一個是西端的莫斯科火車站，雅羅斯拉夫斯基 (Yaroslavsky) 車站。

對許多愛搭火車的旅人而言，那是一生的夢想，必須在這兩個火車站拍照，才能完成一種隆重的儀式感呢！

❶ 俄羅斯海參威車站，上面的俄文，寫著符拉迪沃斯托克。
❷ 海參威車站的月台，左側停靠的是長途列車，中間是通勤電車。
❸ 雅羅斯拉夫斯基車站的月台，進站的西伯利亞鐵路列車。
❹ 世界最長的鐵道里程碑東端，西伯利亞鐵路 9288 公里紀念碑。

❶ 莫斯科最重要火車站，雅羅斯拉夫斯基車站，造型非常的壯觀，車站頂端的 CCCP，是俄文的 SSSR 蘇維埃社會主義共和國聯盟。

❷ 世界最長的鐵道里程碑西端，西伯利亞鐵路 0 公里紀念碑，背面即是 9298 公里，如左上角所示。

日本東西南北的四極站

日本JR
北東西南之最：
稚內、東根室、
佐世保、西大山

喜歡去日本鐵道旅遊的朋友，都知道日本有一個趣味的主題，搭火車走完「東西南北」的四極地標，完成日本鐵道地理之最，對鐵道愛好者而言，這是帶有儀式感的旅程，是一趟莊嚴的心願之旅，這北東西南四個車站分別是：

JR 最北端的火車站——北海道稚內站（宗谷本線）。
JR 最東端的火車站——北海道東根室站（根室本線）。
JR 最西端的火車站——九州佐世保站（佐世保線）。
JR 最南端的火車站——九州西大山站（指宿枕崎線）。

如果還要加上最低、最高、最老的三極地標，還需跑完下面三個火車站；

❸ JR 最西端車站——JR 九州佐世保站。
❹ 九州佐世保站的內部，標出了 JR 最西端車站。

JR 最低的火車站——龍飛海底站，海面下 240 公尺（津輕海峽線）。
JR 最高的火車站——野邊山站，海拔 1345.67 公尺（小海線）。
JR 最老的火車站——舊長濱驛舍，1882 年建設（北陸本線）。

這是旅客基於對於鐵道與車站的熱愛所創造的浪漫，雖然很辛苦，但是達陣之後，會有很大的成就感呢！

反觀，台灣鐵路為什麼不能用一樣的方式，來行銷自己呢？台灣鐵路最北端（淡海輕軌崁頂站），最南端（台鐵枋山站），最西端（台鐵台南站），最東端（台鐵石城站），我們應該向日本學習，把四極的指標建立起來才是。

❶ JR 最南端車站——JR 九州西大山站，只是一個月台招呼站。

❷ 九州西大山站的月台，標出了 JR 最南端車站。

❸ JR 最東端車站——JR 北
　海道東根室站，只是一個
　月台招呼站。

❹ 北海道東根室站的月台，
　標出了 JR 最東端車站。

❺ JR 最北端車站——JR 北海道稚內站。

❻ 北海道稚內站的月台，標出了 JR 最北端車站。

第 5 章

東京火車站丸之內口鳥瞰。

世界各國的

WORLDWIDE

經典火車站

大 圖 鑑

世界各國的
經典火車站大圖鑑

本單元收集作者二十多年造訪世界各地的火車站，依照本書第三章分類學的十六種類別，在圖片旁加上分類代號，以便讀者方便識別該種火車站的類型。代號如下：

木	思古幽情的 木造車站	Wooden station 木造	中文：木
藝	藝術建築的 古蹟車站	Art monuments 古蹟	中文：藝
特	造型獨具的 特色車站	Featured 特色	中文：特
祕	杳無人煙的 祕境車站	Secret 祕境	中文：祕
速	高速鐵路的 火車站	High speed rail 高速鐵路	中文：速
高	捷運的高架 火車站	Elevated railway 高架鐵路	中文：高
地	捷運的地鐵 火車站	Subway / Underground 地下鐵	中文：地
輕	輕軌電車的 火車站	LRT 輕軌鐵路	中文：輕
單	單軌電車的 火車站	Monorail 單軌	中文：單
山	登山鐵路的 火車站	Mountain railway 登山鐵路	中文：山
折	折返式鐵路的 火車站	Zig zag station 折返式鐵路	中文：折
之	之字形鐵路的 火車站	Switch back 之字形鐵路	中文：之
齒	齒軌式鐵路的 火車站	Rack railway 齒軌式鐵路	中文：齒
纜	纜索鐵路的 火車站	Funicular 纜索鐵路	中文：纜
森	森林鐵路的 火車站	Forest railway 森林鐵路	中文：森
產	產業鐵路的 火車站	Industrial railway 產業鐵路	中文：產

特

花東鐵路的花蓮站，大梁用十分獨特的花造型。

祕

南迴鐵路的多良站，是非常知名看海的祕境車站。

木

台灣糖業鐵路的烏樹林站。

木 祕

阿里山鐵路的對高岳站，是雲霧淒迷，看雲海的祕境車站。

❶ 台中火車站。／❷ 新竹火車站。／❸ 台南火車站。／❹ 山里火車站，是台灣知名的祕境車站。／❺ 新北投火車站，是台灣知名的終端式車站。／❻ 阿里山鐵路沼平火車站。／❼ 阿里山鐵路阿里山火車站。／❽ 阿里山鐵路樟腦寮火車站，是台灣最後的折返式車站。

❶ 北京車站的建築，前方通過的是 CRH380A 高鐵列車。／❷ 配合高速鐵路高架化的瀋陽北站。／❸ 詹天佑所興築的青龍橋站，完成於光緒年間，是京張鐵路的代表車站。／❹ 海拉爾站的建築，以蒙古包為素材。／❺ 武漢車站的建築，以黃鶴樓為素材。／❻ 古蹟建築的漢口車站。／❼ 造型特殊的武昌車站。／❽ 上海磁浮列車的終點站，龍陽路站。

❶ 首爾車站（Seoul station）。／❷ 首爾車站的月台與 KTX 高鐵，電影《屍速列車》故事發生的月台。／❸ 龍山車站（Yongsan station）。❹ 龍山車站是首爾最重要的調車場。／❺ 正東津車站（Jeongdongjin station）。／❻ 正東津車站的月台與火車，是韓國號稱最靠海的火車站。／❼ 釜山車站（Busan station），韓國 KTX 高鐵的終點。／❽ 釜山車站連接釜山港口，有著非常龐大的貨運路線。

❶ 最為經典的辰野風古蹟建築，JR 東日本的東京火車站，1914 年完成的站房保存迄今。／❷ 以神社為入口設計的 JR 西日本出雲市車站。／❸ JR 西日本出雲橫田車站。是少數以神社為外觀設計的木造車站，又稱為「奇稻田姬」。／❹ JR 北海道川湯溫泉木造車站，原名川湯，1929 年完成的站房保存迄今。／❺ JR 九州坂本木造車站。1908 年完成的站房保存迄今。／❻ JR 東日本烏山木造車站，外面還有保存臂木式號誌機，可惜今日已經拆除。／❼ JR 東日本的兩國車站，1929 年完成的站房保存迄今。／❽ 日本最南端的車站，JR 九州西大山站。只有月台與最南端的指標。

❶ 曼谷車站，又名華藍蓬車站（Hua Lamphong railway station），是泰國最為知名的車站古蹟。／❷ 曼谷車站的終端式月台，與月台上火車。／❸ 芭塔雅車站（Pattaya railway station）。／❹ 芭塔雅車站的月台與柴油火車。

❺ 仰光中央車站（Yangon Central Railway Station），有著寺廟的建築特色。／❻ 仰光中央車站的內部。／❼ 仰光中央車站的月台。／❽ 仰光車站的 DF1355 柴電機車，美國 ALCO 製，米軌的 YDM-4 型。（以上均為黃淑玲 攝影）

特藝①

特高

藝⑦

高單④

⑧

❶ 新加坡的馬來西亞火車站，丹戎巴葛火車總站（Tanjong Pagar Railway Station），牆上「FMSR」四字意思為馬來西亞鐵道。／ ❷ 丹戎巴葛火車總站的內部。／ ❸ 丹戎巴葛火車總站的月台，新加坡開往馬來西亞的夜臥火車。／ ❸ 吉隆坡的單軌列車站。

❺ 吉隆坡中央車站（Kuala Lumpur Sentral。）／ ❻ 吉隆坡中央車站的內部。／ ❼ 吉隆坡火車總站（Stesen Kereta Api Kuala Lumpur），是一座歷史古蹟車站。／ ❽ 吉隆坡火車總站的月台。

❶ 雅加達的 Jatinegara 車站。／❷ 雅加達 Jatinegara 車站的 CC201 柴電機車，美國 GE 的 U18C 型。／❸ 雅加達 Jakartakota 車站。
❹ 三寶瓏車站（Semarang）。／❺ 安巴拉哇車站（Ambarawa station）。／❻ 安巴拉哇車站的月台，特別保存的觀光列車。／❼ 印尼 Bandung 車站，這裡曾經是窄軌鐵路，所以外面有紀念的窄軌蒸汽火車。／❽ 印尼 Semarang 車站的夜景。

❶ 德里車站（Delhi）。／❷ 德里車站月台景觀髒亂，貧富懸殊的景象。／❸ 捷普車站（Jaipur）。／❹ 捷普車站的月台，中間還有防止闖越軌道的欄杆。／❺ 大吉嶺喜馬拉雅鐵道 DHR 之字形車站，以人工方式切換軌道。／❻ 大吉嶺喜馬拉雅鐵道 DHR 起點，西里谷里 Siligurri 車站，610mm 軌距。／❼ Kalka Shimla Railway 起點，寇卡 Kalka 車站，762mm 軌距。／❽ Nilgiri Mountain Railway，Mettupalayam 車站是齒軌火車站，1000mm 軌距。

❶ 耶路撒冷火車站的月台，來自丹麥的 IC3 柴聯車，為了戰略需求，以色列鐵路沒有電氣化。／❷ 耶路撒冷火車站的入口。／❸ 特拉維夫火車站的月台，德國製的雙層客車。／❹ 特拉維夫火車站的入口。（以上均為吳慧燕 攝影）

❺ 伊斯坦堡海達爾帕夏車站（Instanboul Haydarpasa Gari）。／❻ 伊斯坦堡海達爾帕夏車站的內部。／❼ 首都的安卡拉火車站（Ankara Gari）。／❽ 安卡拉火車站的月台。

❶ 阿聯杜拜的捷運站，以鯨魚張口為造型。╱❷ 阿聯杜拜的捷運站鳥瞰，這是一座蓋在沙漠中的火車站，電車從左側即將開出。

❶ 首都烏蘭巴托火車站（Ulaanbaatar）。／❷ 烏蘭巴托火車站的月台，與 2M62 型柴電機車。牽引西伯利亞鐵路列車開往莫斯科。

❶ 倫敦王十字車站（King Cross），因電影哈利波特而聞名。／❷ 倫敦聖潘克拉斯站（St.Pancrass），歐洲之星高鐵的起點站。／❸ 空中鳥瞰聖潘克拉斯站與王十字車站，兩座都是終端車站。／❹ 空中鳥瞰愛丁堡車站（Edingburgh Warverley station）。／❺ 格拉斯哥中央車站（Glasgow Central Station）。／❻ 伯明罕新市街車站（Birmingham New street station），鏡面結構的不規則幾何造型十分特殊，聞名全世界。／❼ 以鐵道博物館 NRM 聞名的約克火車站。／❽ 約克火車站帶有弧度的雨棚。非常漂亮。

❶ 巴黎北站（Gare du Nord），古蹟建築十分的雄偉。／❷ 巴黎北站的終端式月台，這裡也是北上高鐵 TGV 的大本營。／❸ 馬賽的聖察爾斯車站（Gare de Marseille-Saint-Charles）。／❹ 馬賽的車站的終端式月台。／❺ 巴黎里昂車站（Gare de Lyon），因電影《豆豆假期》而聞名。／❻ 巴黎里昂車站的終端式月台。／❼ 史特拉斯堡車站，很精緻的玻璃藝術造型車站。今日成為 TGV 東歐線的高鐵站。❽ 巴黎東站，知名的東方快車，就是從本站開出前往土耳其的伊斯坦堡，如今成為 TGV 東歐線的高鐵站。

祕 ①

特 ⑤

②

藝 ⑥

③

藝 速 ⑦

輕 ④

⑧

❶ Twisk station 是一個霍倫梅登布立克蒸汽火車，固定停靠的祕境小站。／❷ 荷恩車站的月台與火車，也是荷蘭知名的文化資產鐵路，霍倫梅登布立克（Hoorn–Medemblik heritage railway）的起點。／❸ 阿姆斯特丹中央車站的月台與火車。／❹ 阿姆斯特丹中央車站前的輕軌電車站。／❺ 梅登布利克車站，站外即是大海，在這裡可以看見荷蘭低地國的獨特風情。／❻ 荷恩站的古蹟建築，有荷蘭的特色。／❼ 阿姆斯特丹中央車站的古蹟建築，與東京車站外觀都是紅磚的結構。／❽ 阿姆斯特丹中央車站的鋼架雨棚與進站列車。

藝｜速 ①

藝｜速 ⑤

特｜速 ②

⑥

③

⑦

輕 ④

⑧

❶ 布魯塞爾中央車站。 ／❷ 布魯塞爾南站，高速鐵路如歐洲之星與 Thalys，皆可在此搭乘。 ／❸ 布魯塞爾南站的正面以玻璃組成，是布魯塞爾最大的火車站，玻璃上面的站名是法語：Gare de Bruxelles-Midi。 ／❹ 布魯塞爾南站的輕軌電車站，不是在站外，而是與車站共構。

❺ 盧森堡火車站的雄偉建築，還有一座高大的鐘塔。 ／❻ 盧森堡火車站的月台與火車。 ／❼ 盧森堡火車站停用的扇形車庫，如今成為古蹟。 ／❽ 盧森堡火車站的屋頂，有各種藝術繪畫，還有教堂的彩繪玻璃。

❶ 法蘭克福中央車站，是德國最經典的車站古蹟建築，簡寫為 Frankfurt Hbf，Hbf 是中央車站（Hauptbahnhof）的德文縮寫。／
❷ 法蘭克福中央車站的終端式月台與火車。／❸ 科隆車站，火車進出搭配科隆大教堂的畫面，一直是科隆車站的名景。／❹ 柏林的中央車站的月台玻璃雨棚，寬度跨過三個月台，十分壯觀。／❺ Wernigerode HSB 車站，蒸汽火車在終端式月台左側待發，中間的鐵道是調度專用的機廻線，可說是德國終端式月台的標準結構。／❻ 波昂中央車站，曾經是西德的火車站。／❼ 柏林的中央車站，老車站歷經二戰轟炸後拆除，兩德統一之後重建，成為全德國最大的玻璃為主體的透視型車站建築。／❽ HSB 登山鐵道的維尼格羅德車站（Wernigerode），堪稱是德國火車模型屋的放大版，十分有趣。

❶ 聖莫里茲車站（St.Moritz Bf）。Bf 是 Bahnhof 火車站的德文縮寫。／❷ 從聖莫里茲湖畔看車站軌道，聖莫里茲車站與火車，猶如一幅畫。／❸ 蘇黎世車站（Zurich Bf）。SBB、CFF、FFS 分別代表德文、法文、義大利文，瑞士鐵路公司的縮寫。／❹ 有五千年歷史古城的庫爾車站（Chur Bf），車站前方還有 RhB 鐵路公司的米軌車站月台。／❺ 琉森車站（Luzern Bf），因為過去曾發生大火，故只保留這個古蹟正門口。／❻ 茵特拉根東站（Interlaken Ost），透過車站前的水池鏡面倒影反射，成為這個車站的特色。／❼ 釜少女峰鐵路車站（Jungfrau Bf），也是歐洲鐵路最高點 3454 公尺，月台上用各國的語言表達歡迎。／❽ 布里格車站（Brig Bf），是冰河列車與國鐵的轉乘車站。

特 山 ①

特 ⑤

特 山 ②

祕 ⑥

特 ③

產 ⑦

④

產 ⑧

❶ Semmering 車站的建築雖然平凡，卻是 1998 年全球第一個被聯合國教科文組織登錄的鐵道世界文化遺產。／❷ 世界文化遺產 Semmering 車站，保存的柴油客車與世界文化遺產紀念碑。／❸ 薩爾斯堡中央車站（Salzburg HBF），車站正面像是一個音樂廳。／❹ 從車站的天橋，看薩爾斯堡中央車站。／❺ 維也納西站（Wein West BF），戰後已經改建。／❻ 聖約克車站（St.Jodok），號稱奧地利最美的車站月台，開往義大利多羅米堤的火車，文藝復興寫實派油畫般的風景，這裡是一個祕境車站呢！／❼ 窄軌鐵路 Zillertalbahn 的沿巴赫車站（Jenbach）。／❽ 窄軌鐵路 Zillertalbahn 的邁哈芬車站（Mayhofen）。

❶ 阿亨湖登山鐵路（Achenseebahn）的沿巴赫車站。／❷ 阿亨湖登山鐵路的阿亨湖車站。／❸ 瑪莉恩吉勒鐵路（Mariazellerbahn）的聖波藤車站（St.Polten Bf）。／❹ Mariazellerbahn Grafendorf 車站，世界唯一 760mm 窄軌電氣化的鐵路。／❺ 莎夫堡登山鐵路（Schafberg Bahn）的山頂車站。／❻ 史尼堡登山鐵路（Schneeberg Bahn）的山頂車站。／❼ 這是奧地利與義大利的邊境車站，Brenner，後方水泥牆可以看到奧地利與義大利的國境交界。／❽ Brenner 是德文，Brennero 是義大利文，這是歐盟統一之前，還沒有取消邊境管制前的車站。月台左邊是義大利火車，月台右邊是奧地利火車，旅客得在本站下車並換車跨越國境。

❶ 米蘭中央車站的建築外觀。／❷ 米蘭中央車站的內部，藝術雄偉的殿堂。／❸ 米蘭中央車站的火車，要穿過這個牌樓才能出站。❹ 米蘭中央車站的終端式月台。／❺ 因為海明威的世界名著《戰地春夢》，而聞名世界的史翠沙車站（Stresa）。／❻ 史翠沙車站的月台與火車。／❼ 史翠沙車站外面的馬焦雷湖，海明威的名著《戰地春夢》，故事發生所在地。／❽ 義大利米蘭的輕軌系統，路面電車站。

❶ Verona 車站的內部，之所以成為愛情文藝車站，乃因為莎士比亞的《羅密歐與茱麗葉》的故事發生地。／❷ 波札洛（Bolzano）車站。❸ 波札洛車站的月台，車站就位於世界知名的多羅米堤山區，十分漂亮。／❹ 威尼斯聖塔露西亞車站，火車站外面就是水道。❺ 威尼斯聖塔露西亞車站，鐵道與水道相鄰，成為獨特的車站景觀。／❻ 威尼斯聖塔露西亞車站，義大利高鐵火車行走跨海大橋才能出站，成為世界唯一的奇景。／❼ 義大利高鐵 AV，ETR485 停靠 Brescia 車站。／❽ 世界知名的愛情車站，Verona 車站，FS 是義大利國鐵。

① Volos 火車站，頗有希臘地中海的建築風格。／② Volos 火車站的月台。／③ Volos 火車站的火車，沒有鐵路電氣化。／④ 雅典車站（Athens station）的建築，上面還插著希臘的國旗。／⑤ 雅典車站的火車站月台，雖然身為希臘首都車站，但是設施簡陋，不像歐洲的車站，卻有著北非的風情。／⑥ 北部大城車站 Larissa station。／⑦ 希臘港口車站 Pireas station。／⑧ 希臘的地鐵站 Pireas station 在地面上，該捷運站的軌道設施是露天的，與傳統地鐵站地下化不同。

❶ 赫爾辛基中央車站的雄偉建築。／❷ 赫爾辛基中央車站的正門大廳。／❸ 赫爾辛基中央車站的終端式月台，Sm3 高速鐵路列車即將出發。／❹ Hameenlinna 車站，對稱典雅的磚造建築。❺ Tampere 車站的月台，貨運列車即將進站。／❻ 羅凡納米車站（Rovaniemi），這是芬蘭的耶誕老人列車最重要的車站，從這裡接駁旅客跨越北極圈去極地旅遊。／❼ 赫爾辛基的地鐵有地球上最北地鐵之稱。／❽ 赫爾辛基的輕軌車站，列車是低底盤，車站是低月台，以方便民眾穿越。

❶ 里爾哈默車站（Lillehammer station）。／❷ 佛洛姆車站（Flåm station），是一間紅色的木造車站，也是佛洛姆登山鐵路的起點。
❸ 佛洛姆車站是鐵道與水道連接的車站，終端式的月台後面就是郵輪港口。／❹ 卑爾根車站（Bergen station），是挪威連接北大西洋的港口車站。／❺ 挪威首都奧斯陸中央車站（Oslo station），是經過改建的現代建築。／❻ 奧斯陸中央舊車站，依然與新站連通。
❼ 挪威海拔最高的 Finse 車站，海拔 1222 公尺，是一間很有特色的木造車站。／❽ 火車廂當餐廳放在橋梁上，成為車站建築的一部分，這個創意真的是獨一無二。

❶ 北歐特有的防雪斗篷，避免冬天下雪影響轉轍器，海拔最高的 Finse 車站。／❷ Honefoss 車站。／❸ 佛斯（Voss）車站，車站外面就是佛斯湖。／❹ 奇歐斯福森瀑布站（Kjosfoss），車站就是為了看瀑布而設置。／❺ 奇歐斯福森瀑布站，這個車站沒有站體，只有月台，夾在兩個隧道之間，十分的有趣。／❻ 米達爾車站（Myrdal），海拔達 866 公尺，也是佛洛姆登山鐵路的最高點。／❼ 雲霧繚繞的翁達爾斯內斯車站（Åndalsnes），這就是挪威精靈之牆的勞馬鐵路，Raumabanen 的起點站。／❽ 翁達爾斯內斯車站，車站的月台與火車。

❶ 哥本哈根中央車站的正門，七個大小不一的尖塔，成為哥本哈根的地標。／❷ 哥本哈根中央車站的全景，宛若童話一般的城堡。
❸ 哥本哈根中央車站的鋼架頂棚，自然採光的候車大廳。／❹ 哥本哈根中央車站的月台頂棚，還有裝備緩衝軟墊的 IR4 電聯車。／
❺ 丹麥歐登塞（Odense）的舊火車站，這一個因安徒生而聞名的車站。／❻ 歐登塞火車站旁有扇形車庫，如今成為國家級鐵道博物館。／❼ 歐登塞的新火車站，取代舊的火車站。／❽ 歐登塞的新火車站月台，以及 IR4 電聯車。

❶ 斯德哥爾摩中央車站的鳥瞰，雙層的區間車正開出車站，火車站與運河水道相連結，旅客可轉乘遊船。／❷ 斯德哥爾摩中央車站的內部，自然採光是北歐的特色。／❸ 斯德哥爾摩地鐵國王花園站（Kungstradgarden）。／❹ 馬爾梅中央車站（Malmö），站體用玻璃組合，如同柏林中央車站，這是一個很有名的公共藝術車站。／❺ 斯德哥爾摩中央車站的外觀。／❻ 斯德哥爾摩地鐵公共藝術是世界知名的，一車站一特色，這是中央車站的內部。／❼ 斯德哥爾摩的路面電車站。／❽ 馬爾梅中央車站，舊車站是一座古蹟建築，依然被保留使用。

❶ 馬德里 Atocha 阿托查車站，世界唯一有熱帶雨林的火車站。／❷ 馬德里 Atocha Cercanias 通勤車站。／❸ Atocha Cercanias 用嬰兒的臉創作喜怒哀樂，作為車站的公共藝術。／❹ 馬德里 Chamartin 查馬丁車站，是開往北邊大城的車站。／❺ Segovia station 塞哥維亞車站，這是一個世界文化遺產古城。／❻ 西班牙蒙特賽納 Montserrat 登山鐵道車站，是登山鐵道最高點。／❼ 從這個角度看蒙特賽納車站，可以看出這是登山鐵路與纜車二合一的車站。／❽ 蒙特賽納車站，有齒軌型登山鐵道，通往山腳下。

❶ 巴塞隆納法國 Barcelona Franca 車站，這是西班牙連接法國門戶車站。／❷ 巴塞隆納法國 Barcelona Franca 車站內部，裝飾古典而莊嚴優雅。／❸ 巴塞隆納法國車站的圓拱鋼架雨棚，終端式月台停靠西班牙高鐵 Talgo250。／❹ 充滿地中海風情的 Vilanova 車站建築。／❺ Vilanova 車站的終端式月台，終端式車站。／❻ 以紀念哥倫布聞名的塞維亞車站 Sevilla Santa Justa 車站，圓拱鋼架雨棚十分特別。／❼ 塞維亞的輕軌電車車站，LRT 採用超級電容，是高雄輕軌 CAF LRT 的原版。／❽ 西班牙庇里牛斯山的努里亞登山鐵道，Ribes Enllac 車站，也是終端式車站。

❶ 華沙中央車站是鐵路地下化的車站,也是東歐唯一一個首都鐵路地下化的車站。／❷ 以二次大戰大屠殺,震驚全世界的奧斯維辛集中營,這是連接集中營的奧斯維辛火車站。／❸ 華沙的中央車站外的輕軌電車站。／❹ 奧斯維辛火車站,因為二戰時期集中營大屠殺在此,而聞名全世界。／❺ 奧斯維辛火車站的內部。／❻ 波茲南的車站,因為歐洲最後蒸汽火車普通車班次而聞名。每天都有蒸汽火車從波茲南開往沃爾什滕。／❼ 奧斯維辛火車站的電車。／❽ 波茲南的車站的月台,與波蘭的電力機車。

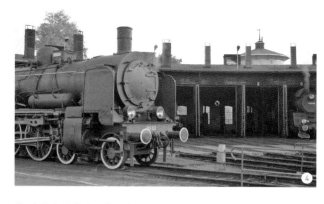

❶ 波茲南的車站,蒸汽火車在月台上待發。／❷ Steszew station,這是一個蒸汽火車會停靠的祕境小站。／❸ 以扇形車庫和蒸汽火車聞名的沃爾什滕車站。／❹ 沃爾什滕的扇形車庫,也是聞名世界的火車博物館。／❺ 庫特娜的磚造扇形車庫,還有鐵路電氣化。❻ 樂斯拉夫的車站(Wrocław station),是一座魅力十足,童話般的城堡。／❼ 波蘭波茲南的輕軌電車站,注意左右兩個月台,地上都有三岔轉轍器。／❽ 波蘭華沙的車站,注意地鐵電車上面的自然通風孔,這裡的地鐵沒有空調。

❶ 布爾諾火車站（Brno Railway station）的內部，華麗而優雅。／❷ 布爾諾火車站的軌道與火車，後方可見磚造的車庫。／❸ 布爾諾火車站的月台，剛冷簡單的線條，就是這個國家的火車特色。／❹ 布爾諾火車站的月台，從鐵幕時代遺留迄今的給水器。／❺ 首都布拉格中央車站，有兩個燒黑的大鐘塔為其特徵。／❻ 首都布拉格中央車站的全景，十分壯觀。／❼ 布拉格中央車站，圓頂之下的候車室，古典藝術的裝飾令人讚嘆。／❽ 布拉格中央車站的月台，全罩式的月台頂棚，冬天可以保暖。

藝 ①

特 ⑤

地 ②

⑥

輕 ③

祕 ⑦

輕 ④

特 ⑧

❶ 布拉格馬沙利克車站。／❷ 布拉格的地鐵電車站，以黃金磚牆而知名。／❸ 布拉格的輕軌電車站，低矮的月台與公車站共用。
❹ 布爾諾的輕軌電車站。／❺ 以溫泉聞名的卡羅維瓦利車站，高架火車站與下方汽車站共構。／❻ 卡羅維瓦利車站（Karlovy Vary
station）的火車。／❼ 黛絲（Telc）車站的建築，典型的鄉村小站，也是個祕境小站。／❽ 比利納火車站（Bilina station），上方舊的
捷克鐵路標誌是其亮點。

❶ 日利納火車站（Zilina station）。／❷ 日利納火車站的月台，與待發的斯洛伐克火車。／❸ 首都布拉提斯拉瓦中央車站，像夾心土司一般為其特徵。／❹ 布拉提斯拉瓦中央車站旁邊，有輕軌電車總站，環狀線以利迴轉。／❺ 切爾尼赫榮森林鐵道的總站，切爾尼巴洛格車站（Čierny Balog）。／❻ 停靠在切爾尼巴洛格的蒸汽火車。／❼ 切爾尼赫榮森林鐵道的 Vydrovo 車站，三部蒸汽火車在此停靠。／❽ Vydrovo 車站是一間木造車站，一切設施都是就地取材，用太陽能當電源，將森林鐵道的環保特質表現淋漓盡致。

❶ 匈牙利最知名的車站古蹟建築，布達佩斯東站（Budapest Keleti），這是它華麗的正門口。╱❷ 布達佩斯東站的側門與公車站。╱
❸ 布達佩斯東站的月台與全罩式的雨棚結構，這是終端式月台。╱❹ 布達佩斯東站即將後推出發的 Railjet 高鐵列車，這是終端式車站。╱❺ 布達佩斯東站是匈牙利最大的火車站，站外軌道眾多。╱❻ 以艾菲爾鐵塔設計師艾菲爾聞名，布達佩斯西站（Budapest Nyugati）。╱❼ 布達佩斯西站的內部，挑高而典雅的候車空間，非常寬敞舒適。╱❽ 布達佩斯西站的軌道與月台。

祕 1

特 5

特 2

特 6

特 3

山齒 7

輕 8

❶ 布達佩斯的郊區通勤車站，很多都是沒有站房，只有低矮月台的無人車站。 ／❷ 莫雄馬扎爾古堡站（Mosonmagyarovar station）。因其毗鄰與奧地利和斯洛伐克接壤的邊境，是非常有名的邊境車站，以前東歐火車在此攔車檢查。 ／❸ 聞名世界的匈牙利兒童鐵路，Huvosvolgy 車站是起點站。 ／❹ 兒童鐵路的火車在 Huvosvolgy 車站調度，注意其特別的臂木式號誌。 ／❺ 匈牙利兒童鐵路，Gyermekvasút 車站是終點站。 ／❻ 兒童鐵路最重要的 Szepjuhaszne 交會站，讓單線鐵路可以會車。 ／❼ 登山齒軌鐵路的 Szechenyihegy 車站。 ／❽ 匈牙利莫斯科廣場站（Moszkvater），是很有名的輕軌電車轉運站。

❶ 羅馬尼亞首都布加勒斯特北站（Bucureşti Gara De Nord），是該國最大的火車站，Gara De Nord 羅馬尼亞語，很接近法語 Gare du Nord。／❷ 布加勒斯特北站的內部，自然採光的通道。／❸ 布加勒斯特北站，也是終端式月台。／❹ 西畢烏火車站（Sibiu）。
❺ 西畢烏的扇形車庫，也是火車博物館的所在地。／❻ 蒂米什瓦拉北站（Timisoara Nord），CFR 代表羅馬尼亞國鐵之意。／❼ 蒂米什瓦拉北站的月台，支線非電氣化小月台，與幹線電氣化月台分開，分類井然有序。／❽ 蒂米什瓦拉扇形車庫，是歐洲少見的雙扇形車庫。

❶ 西拉雅火車站（Sinaia），是羅馬尼亞知名的車站古蹟建築。／❷ 巴斯坦尼尼火車站（Busteni），站外還有軍人的雕像。／❸ 布拉索夫火車站（Brasov）。／❹ 上維塞烏森林鐵道的起點，維塞烏火車站（CFF Viseul de Sus）。CFF 代表羅馬尼亞森林鐵道之意。／❺ 帕丁火車站（CFF Paltin），提供森林鐵道遊客豐富的美食。／❻ 上維塞烏森林鐵道的中點，帕丁火車站，蒸汽火車在此停靠，站房都是木造結構。／❼ 德瓦火車站（Deva），因為體操選手奈迪亞聞名。／❽ 伊利亞火車站（Ilia）。

特藝①

山⑤

特②

山⑥

祕特③

⑦

山④

山⑧

❶ 保加利亞首都索菲亞，是該國最大的火車站，索菲亞中央車站（Sofia Central station），在雕像底下還有地下車站的結構，連通地鐵系統。／❷ 丘斯騰迪爾火車站（Kyustendil）。／❸ 大塔爾諾沃火車站（Veliko Tarnovo），也是一個祕境小站。／❹ 韋林格勒火車站與火車，火車頭是保加利亞特有玫瑰紅。／❺ 巴爾幹鐵路最高點 Avramovo station，海拔 1267 公尺。／❻ Yakoruda 火車站。／❼ Yakoruda 站是 Septemvri—Dobrinishte narrow gauge railway 的重要交會站。／❽ Bansko 站，注意其低矮的月台結構，這是歐洲登山鐵路的慣例。

❶ 塞爾維亞首都貝爾格勒火車站（Belgrade railway station），這是從前南斯拉夫時代遺留迄今的歷史古蹟，歷經戰火保存不易。／❷ 貝爾格勒火車站也是終端式車站，車站軌道比較老舊。／❸ 塞爾維亞登山鐵道 Sargan Eight 的起點，Mokra Gora 站本身即是餐廳。／❹ Mokra Gora 站售票處，是這間木造小屋。／❺ 塞爾維亞登山鐵道 Sargan Eight 的終點，Sargan Vitasi 站有加煤加水的設施，以提供蒸汽火車運行。／❻ Sargan Vitasi 車站建築與軌道全景。／❼ Golubici 站是登山鐵道的祕境小站，從這個木造的小月台，旅客可以觀景，俯瞰山下的 Mokra Gora 站。／❽ Jatare 站是塞爾維亞登山鐵道 Sargan Eight 的重要車站，石造與木造兩種混搭的房屋結構，十分引人入勝。

● 西伯利亞鐵路，Слюдянка 斯柳江卡站的建築，вокзал 乃俄文車站之意。／❷ 斯柳江卡站的月台，停靠西伯利亞鐵路的火車。
❸ 伊爾庫茨克車站的月台，TEM18DM 柴油機車牽引五彩繽紛的客車。／❹ 西伯利亞鐵路，貝加爾站（Байкал）是一間木造建築。
❺ 莫斯科的雅羅斯拉夫斯基站（Yaroslavsky），是西伯利亞鐵路的起點站。

❶ 莫斯科的喀山站（Kazanskaya），是代表本站火車從莫斯科開往喀山／❷ 莫斯科的列寧格勒站（Leningradsky），代表本站火車從莫斯科開往列寧格勒。／❸ 莫斯科的里加火車站（Riga），是俄羅斯藝術車站建築之一。／❹ 莫斯科的白俄羅斯火車站（Belorussky），是俄羅斯藝術車站建築群之一。／❺ 西伯利亞鐵路最經典的車站建築，海參威車站（Vladivostok）。

❶ 聖彼得堡的 Baltiysky vokzal，是開往「波羅的海」諸小國的火車站。／❷ 莫斯科的巴維列茨火車站（Paveletskaya），是俄羅斯藝術車站建築群之一。／❸ 莫斯科的 Smolenskaya 地鐵站，四個柱子寫上俄羅斯四場光榮戰役的時間。／❹ 聖彼得堡的 Varshavsky，是開往華沙的歐洲火車站。／❺ 聖彼得堡的 Moskovsky vokzal，是開往「莫斯科」的火車站。

• 馬其頓 Republic of Macedonia •

1

高 3

4

• 愛沙尼亞 Estonia •

5

特 6

特 7

8

❶ 馬其頓首都史高比，史高比火車站的舊火車站，如今成為博物館，該車站靠近德雷莎修女的紀念館。／❷ 時間是 1963 年地震發生的時間，永遠駐足，地震之後該車站停用。／❸ 現今的史高比火車站，鐵路高架化的新站，有通勤火車，但是班次不多。／❹ 停靠史高比火車站的火車。

❺ 愛沙尼亞的火車站 Ulemiste Railway station，是一個沒有站體的通勤車站。／❻ Ulemiste Railway station 的月台有兩個，雙向的火車，各自停靠不同位置的月台，十分特別。／❼ 愛沙尼亞的首都塔林火車站（Tallinn Railway station），像一間百貨公司。❽ 塔林火車站的通勤火車。

❶ 拉脫維亞首都里加火車站（Riga Railway station），改建之後保留高聳的鐘塔結構。／❷ 火車站外面舊是道加瓦河，可以看到火車過橋的風景。／❸ 里加的輕軌電車站，Tram station 與公車站共用。／❹ 拉脫維亞里加火車站旁，靠近道加瓦河的鐵橋，有著1905 年沙俄革命紀念碑。當時拉脫維亞是屬於沙俄的疆域。／❺ 魁北克火車站（VIA Quebec），1915 年 CP 加拿大太平洋的東邊起點站。是建築地標，猶如宮殿城堡般的火車站，故名 Gare du Palais（法語）。

❶ 溫哥華火車站，是 CP 加拿大太平洋鐵路的西邊起點站，上面寫著 Canadian Pacific，不過 1978 年由 VIA 鐵路所接收。／❷ 菲爾德鎮火車站 Field，是 CP 加拿大太平洋鐵路的翻越洛磯山脈的關卡站，也是一個看貨運火車的祕境小站。／❸ 班夫火車站的建築。❹ 魁北克火車站的內部。／❺ 尼加拉瀑布站（VIA Niagara Falls），就在尼加拉瀑布與美國交界處。／❻ 尼加拉瀑布站是個邊境車站，來自美國的 P42DC 柴電機車牽引跨國客車抵達本站。／❼ 搭火車來到本站，可以觀看尼加拉瀑布。／❽ 濱臨五大湖區，安大略省的多倫多聯合車站（Toronto Union station），這個車站從西恩塔上面可以看得很清楚。

❶ 美國首都華盛頓聯合火車站（Union Station），是一座古蹟車站建築。／❷ 華盛頓聯合火車站的內部候車室，華麗莊嚴，中央還有鋼琴酒吧。／❸ 華盛頓聯合火車站的高鐵列車 Acela。／❹ 費城 30 街車站（Philadelplphia 30st Station）。／❺ 費城 30 街車站的內部候車室，挑高的結構，宛若博物館。／❻ 費城 30 街車站的浮雕，宛如置身美術館。／❼ 紐約中央車站（New York Grand Central Terminal），也是知名電影拍攝地點。／❽ 紐約中央車站的內部候車室，雄偉寬敞，最精采的是上面天花板的星空。

❶ 巴爾的摩的賓夕法尼亞車站（Baltimore Pennsylvania Station），簡稱賓車站（Penn Station）。╱❷ 巴爾的摩的賓夕法尼亞車站內部空間，屋頂彩繪玻璃為其亮點，為布雜藝術風格的建築。╱❸ 紐約的賓夕法尼亞車站（New York Pen Station），是個地下化的車站。❹ 洛杉磯的聯合火車站（Los Angeles Union station），是西班牙風格的建築。╱❺ 洛杉磯的聯合火車站，停靠月台的 Metrolink 南加州都會鐵道雙層客車。╱❻ 加州的海邊車站（Oceanside station），建築非常有唐人街中國風。╱❼ 加州的海邊車站，停靠月台的 Pacific Surfliner 太平洋衝浪者號雙層客車。╱❽ San Juan Capistrano Station 車站像一間教堂，Pacific Surfliner 的停靠站。

❶ 加州的弗里蒙特車站（Fremont Station）。／❷ 弗里蒙特車站，停靠月台的 ACE 雙層客車。／❸ 加州的弗雷斯諾車站（Fresno Station）。／❹ 弗雷斯諾車站，停靠月台的加州都會鐵道雙層客車。／❺ 聖地牙哥的舊城車站（oldtown station），充滿熱帶風情。／❻ 舊城車站的輕軌電車，低底盤以配合較低的月台。／❼ The Roaring Camp 和 Big Trees Narrow Gauge Railroad 的木造車站。／❽ 咆哮營地和大樹窄軌森林鐵路的 Shay 蒸汽火車。

❶ 布宜諾斯艾利斯雷提洛車站，是通往阿根廷北部的交通要衝車站。／❷ 布宜諾斯艾利斯憲法廣場車站，是通往阿根廷南部的交通要衝車站。／❸ 布宜諾斯艾利斯的 U 線捷運站。／❹ 阿根廷鐵路貨運站，使用美國 EMD G22C 柴電機車，與台鐵 R150 型相近。（以上皆為曾翔 攝）

❺ 巴西里約中央車站。／❻ 巴西聖保羅車站（LUZ）。／❼ 聖保羅車站的通勤列車。／❽ 巴西利亞站的柴電機車，使用美國 EMD G12U 柴電機車，與台鐵 R20 型相近。（以上皆為曾翔 攝）

❶ 中央鐵路曾經是世界最高點的 GALERA 火車站，車站標高 15861 英尺，海拔 4781 公尺，後來被青藏鐵路 5072 公尺超越。（曾翔 攝）／❷ 中央鐵路的利馬火車站，中央鐵路曾經是世界海拔最高的登山鐵路。（曾翔 攝）／❸ 中央鐵路列車停靠於利馬車站，即將出發翻山越嶺。（曾翔 攝）／❹ 庫斯科的馬丘比丘鐵路窄軌車站，外觀看似簡陋，卻是前往世界文化遺產馬丘比丘的起點。（曾翔 攝）／❺ 馬丘比丘車站的登山火車，柴電機車乃美國 ALCO 製造。（黃淑玲 攝影）

❶ 埃及首都開羅的中央車站（Ramses Station）。／❷ 開羅中央車站的車站內部。／❸ 開羅中央車站的車站月台，左側是窮人區月台，火車很髒，右側有富人區月台。這是社會貧富懸殊之下的縮影。／❹ 開羅中央車站的車站月台，這邊是富人區月台，因為車票貴，民眾不買票，竟然用攀掛車尾的方式，搭火車前往亞歷山大。／❺ 埃及首都開羅另一座古蹟車站，Giza station，人像是年輕時的作者。／❻ 亞斯文車站（Aswan station），車站名稱用英文與埃及文標示。／❼ 亞斯文車站的月台。／❽ 這是一張難得的照片，火車停在亞斯文車站。火車司機見到有旅客拍照，十分開心，因為拍完照可以索取小費。這也是社會貧富懸殊之下的縮影。

❶ 墨爾本最知名的古蹟火車站，Flinder street Station。／❷ Flinder street Station 的月台與墨爾本通勤電車。／❸ 墨爾本最知名的藝術建築車站，南十字星車站（Southern Cross station）。／❹ 南十字星車站的月台與城際火車，1600mm 與 1435mm 兩種軌距。❺ 雪梨中央車站，是知名的古蹟車站建築。／❻ 雪梨中央車站，也是終端式的車站，這是其終端式月台。／❼ 雪梨奧運會場車站月台，其實這是一個半開放的地下車站。／❽ 雪梨 Penrith station，車站建築就像一艘船。

❶ 雪梨的輕軌捷運（Metro LRT），Wentworth Park 車站，使用傳統的軌道。／❷ 藍山國家公園之字形鐵路，Zig Zag Railway Clarence station。／❸ Zig Zag Railway Clarence station，還有一個模仿英國的 9 又 3/4 月台。／❹ Zig Zag Railway 登山鐵路的最高點車站。／❺ Zig Zag Railway 登山鐵路的最低點車站，還有號誌樓。／❻ Puffing Billy Railway，森林鐵道的 Menzies Creek 車站。／❼ Puffing Billy Railway，森林鐵道的起點 Belgrave 車站。／❽ Puffing Billy Railway，Belgrave 車站的月台與木造車廂。

❶ 亞瑟隘口車站，這是南島跨越阿爾卑斯山鐵路的最高點。／❷ 亞瑟隘口車站的月台，後方可見雪山。／❸ 仙蒂鎮車站，這是一個南島森林鐵路的蒸汽火車站。

世界鐵道大探索 04

世界的鐵道火車站：
深度探索 48 國火車站與
300 多座特色車站

作者 蘇昭旭

社　　　長	陳蕙慧
副 總 編 輯	陳怡璇
特 約 主 編	胡儀芬
協 力 編 輯	劉子韻
美 術 設 計	Dot SRT 蔡尚儒
繪　　　圖	張宗乾（P18 上、P20 下、P23 下、P113 上、P116 上）、蘇昭旭（P15 下）
行 銷 企 畫	陳雅雯、余一霞

讀書共和國集團社長	郭重興
發 行 人 兼出 版 總 監	曾大福
出　　　版	木馬文化事業股份有限公司
發　　　行	遠足文化事業股份有限公司
地　　　址	231 新北市新店區民權路 108-4 號 8 樓
電　　　話	02-2218-1417
傳　　　真	02-8667-1065
E m a i l	service@bookrep.com.tw
郵 撥 帳 號	19588272 木馬文化事業股份有限公司
客 服 專 線	0800-2210-29
印　　　刷	呈靖彩藝有限公司

2022（民 111）年 11 月初版一刷 定價 650 元

ISBN 978-626-314-303-6
ISBN 978-626-314-318-0（PDF）
ISBN 978-626-314-317-3（EPUB）

世界的鐵道火車站：深度探索 48 國火車站與 300 多座特色車站＝ Railway station worldwide ／
蘇昭旭著。 初版。 新北市：木馬文化事業股份有限公司出版：遠足文化事業股份有限公司發行。
面；公分。──（世界鐵道大探索；4）
ISBN 978-626-314-303-6（平裝）

1.CST: 鐵路史　2.CST: 火車　3.CST: 世界地理　4.CST: 圖錄

557.2025　　　　　　　　　　　　　　　　　　　　111015749